El futuro de Estados Unidos

Colapso de la economía estadounidense,

Alta inflación, caída del mercado de valores

Billy Grinslott

Billy Grinslott

Colapso de la economía estadounidense

DEDICACIÓN

Este libro está dedicado a todos los grandes estadounidenses, que todavía creen que Estados Unidos es un gran lugar para vivir.

Todos los grandes estadounidenses que todavía creen que necesitamos proteger nuestra constitución, nuestra herencia y nuestra forma de vida.

Para todos los que están luchando, un futuro más brillante.

Billy Grinslott

Colapso de la economía estadounidense

Billy Grinslott

CONTENIDO

Agradecimientos   Yo

CAPÍTULOS

1	Introducción	Pág. # 3
2	Constitución	Pág. # 5
3	Colapso de la economía estadounidense	Pág. # 10
4	Regala tu cheque de pago	Pág. # 21
5	Adiós ahorros, jubilación	Pág. # 37
6	Trabaja hasta que mueras	Pág. 41
7	Sin empleos y pobreza	Pág. # 46
8	Derecho de voto	Pág. # 51
9	Cambio climático	Pág. # 55
10	Inmigración	Pág. # 59
11	Superpoblación	Pág. # 63
12	Hambre, escasez de alimentos	Pág. # 64
13	Pandemias, Enfermedades, Virus	Pág . #
14	Violencia armada, protección	68
15	Disturbios raciales, guerras entre	Pág. # 72
16	nosotros	Pág. # 81
17	Crimen en Estados Unidos.	Pág. # 86
18	Llenar la Corte Suprema	Pág. # 87
	Caída de América	Pág. #88

Billy Grinslott

Colapso de la economía estadounidense

RECONOCIMIENTOS

Gracias a Dustin Michael, Devan Brandt, Kinsey Marie, Robyn Kelly, Julie Berg por toda su visión y ayuda.

Colapso de la economía estadounidense

Introducción

El colapso de la economía estadounidense está en marcha. Estados Unidos está a punto de ver que la economía da un giro para lo peor. Los acontecimientos recientes han llevado a un déficit astronómico.

Estados Unidos está a punto de ver más y más impuestos más altos de lo que hemos visto en la historia de los Estados Unidos. También vamos a ver la inflación más alta jamás registrada en Estados Unidos.

El mercado de valores va a reaccionar, y muchas personas perderán gran parte de sus ahorros. El valor de sus ahorros e inversiones disminuirá en los próximos años.

Pagarás más por todo lo que compres. Los precios están a punto de dispararse en todo lo que compre.

Este libro explicará por qué y cómo sucederá todo esto. El libro también cubrirá muchos más temas que están afectando a los Estados Unidos en este momento y en el futuro.

El colapso de los Estados Unidos está en marcha, y usted querrá prepararse, especialmente financieramente.

Los temas incluyen.
Colapso de la economía estadounidense
Impuestos y más impuestos.
Cómo se le quitará todo su cheque de pago.
Cómo desaparecerán sus ahorros y su jubilación.
Cómo trabajarás hasta que mueras.
Alto desempleo, sin trabajo, viviendo en la pobreza.
Derechos de voto, cómo se los quitarán.

Derechos de armas, protección de armas, por qué necesitará una.

Crime, cómo afecta a Estados Unidos.

Protegiendo la Constitución, por qué la necesitarán.

Inmigración, cómo afecta a Estados Unidos.

Superpoblación de América.

Hambre y escasez de alimentos.

Pandemias, pandemias futuras.

Cambio climático. Cómo cambiará la vida en la tierra.

Disturbios raciales, racismo sistémico y guerras entre nosotros.

La caída de Estados Unidos. Cómo colapsará.

Colapso de la economía estadounidense

Constitución de los Estados Unidos

Vamos a comenzar este libro hablando de la constitución. Por qué, porque es el documento más importante que tenemos, para proteger nuestros derechos. Sin la Constitución, no tenemos forma de defendernos.

La constitución fue creada para evitar que el gobierno y otras organizaciones impongan su voluntad al pueblo estadounidense. Fue creado para que el pueblo estadounidense tuviera voz y voto en la forma en que se dirige su país.

Sin la Constitución todos nuestros derechos y libertades serán arrebatados. Para protegernos de tener todo en nuestra vida diaria controlado, debemos proteger la constitución.

En este momento, en Estados Unidos nuestra constitución está bajo ataque. Ahora podríamos sentarnos y decir que el gobierno quiere destruir nuestra constitución. Por lo tanto, pueden controlar todos los aspectos de nuestras vidas, pero no son solo ellos. Hay algunos políticos que sí creen en esto y otros que no.

Tenemos algunos buenos políticos que todavía creen que Estados Unidos debe ser dirigido por el pueblo y que el gobierno debe hacer lo que es mejor para el pueblo. Pero tenemos otros políticos que creen en controlar completamente todos los aspectos de nuestras vidas.

Lo bien que le vaya a Estados Unidos no es lo mejor para ellos. Quieren que el poder te controle y la mejor manera de hacerlo, es quitarte tus derechos, deshaciéndote de la constitución. Están buscando el poder y no la prosperidad, pero están solos.

Para los que sí creen en la eliminación de la constitución, van a hacer todo lo posible para que esto suceda. Tienen una agenda personal y la van a cumplir, cueste lo que cueste.

Algunos políticos han vendido su soul al diablo. Aquí hay una cosa que quiero que recuerden sobre algunos políticos. Se compran y se pagan.

Ahora, a qué me refiero cuando digo que se compran y se pagan? Hay que mirar la vida de un político para entenderla. No llegan al cargo sin aceptar dinero de ciertas personas, grupos, organizaciones o empresas. Para ser elegidos deben hacer campaña. Esos fondos de campaña vienen de alguna parte.

El pueblo estadounidense dona. Calculamos que si donamos a un determinado candidato, ellos dirigirán el país de la manera que queremos una vez que sean elegidos. Por lo general, no resulta de esa manera. Hay una razón principal para eso.

Los políticos hacen promesas y ofrecen ciertas cosas para ser elegidos. Una vez elegidos, parece que se olvidan por completo de las promesas que hicieron al pueblo y huyen con sus propias agendas personales. O para cumplir con las agendas de las organizaciones o empresas que les donaron.

Ciertos grupos, organizaciones y empresas donan una tonelada de dinero para que su representante sea elegido. Por qué puede preguntar, tienen leyes que quieren cambiar para beneficiarlos. Tienen intereses especiales que necesitan y quién mejor para hacer que eso suceda que un político.

Entonces, lo que algunos políticos terminan haciendo es olvidarse de los ciudadanos y atienden a las organizaciones y empresas que pagaron su camino en el gobierno. Terminan haciendo acuerdos de puerta trasera que se benefician a sí mismos, a estas empresas y organizaciones.

Lo que ha sucedido con el tiempo es que ahora hay políticos que son propiedad de estas organizaciones y empresas. Entonces, en lugar de hacer lo que es mejor para la gente, hacen lo que es mejor para ellos. Alguna vez escuchaste la expresión, no muerdas la mano que te alimenta.

Alguna vez te has preguntado cómo algunos políticos se vuelven tan ricos mientras están en el cargo? Esto se debe a que hay muchos acuerdos de puerta trasera que los benefician a ellos y a estas organizaciones o empresas. En el camino, están llenando sus bolsillos con sus dólares de impuestos.

Entonces, lo que ha terminado sucediendo con el tiempo es que se ha producido mucha corrupción en nuestro gobierno. Algunos de nuestros funcionarios electos han decidido meterse en la cama con estas organizaciones y empresas.

Cómo afecta esto a nuestro país y a la Constitución? Cuando se trata de nuestro país, ya no está siendo administrado por nuestro gobierno. Está siendo dirigido por muchas personas ricas, organizaciones y empresas que han comprado a ciertos políticos.

El problema es que estas personas ricas, organizaciones y empresas quieren un control completo sobre el país. Hay algunos políticos que están a bordo con ellos y juntos quieren el control sobre todo. Van a hacer lo que sea necesario para lograr esto.

Permítanme darles un ejemplo. Como dije, no todos los políticos piensan de esta manera. En las elecciones presidenciales de 2020 tuvimos un presidente que se postuló para su segundo mandato. Fue presidente de 2016 a 2020. Ese era Donald Trump.

Uno de sus lemas era, Voy a drenar el pantano. Lo que quería decir con esto era que iba a deshacerse de la corrupción en nuestro gobierno y devolver el gobierno al pueblo.

Desde el momento en que asumió el cargo, la batalla estaba en marcha. Los políticos que están acostumbrados a beneficiarse de toda esta corrupción no estaban contentos. Su animada capucha estaba en juego. Entonces, se unieron a él. También lograron que muchas organizaciones los respaldaran. Por qué, porque todos tienen los mismos objetivos.

La conclusión es esta. La única razón por la que lo querían fuera del cargo es porque defendió al pueblo estadounidense y quería devolver el país al pueblo. Quería acabar con la corrupción gubernamental.

Bueno, eso no encajaba con su plan. De dónde van a obtener su próxima comida si no pueden usar a los contribuyentes para beneficiarse?

Durante las elecciones presidenciales de 2020, sacaron todos los acorazados y atacaron por completo. Hicieron que todos se involucraran para hacer lo que fuera necesario para asegurarse de que no fuera reelegido. El problema es que engañaron y mintieron al público estadounidense y cambiaron las leyes de votación para que esto sucediera.

Ahora, por qué mencioné todo esto? Porque no son solo algunos políticos de los que hay que preocuparse. Hay organizaciones y empresas que tienen la misma agenda. Todos quieren controlar todos los aspectos de tu vida. Quieren dirigir el país como mejor les parezca, y sus derechos no importan.

Esto significa que cuando se trata de proteger la constitución, debemos luchar contra todas estas organizaciones junto con los políticos que están a bordo para hacerse cargo de nuestro país.

Este plan para controlar todos los aspectos de tu vida, simplemente no apareció de la noche a la mañana. El plan se inició hace varios años y ha estado en progreso desde entonces. En los próximos años, se pondrá en marcha rápidamente.

Tienen varias formas y cosas que deben hacer para lograr su plan y está en marcha. Vienen por todo lo que tienes. La Constitución no es lo único que quieren controlar.

Lo que sí sé es que una vez que desmantelen o eliminen la constitución, todo lo demás que tienes desaparecerá. El tiempo de crisis está sobre nosotros, si no protegemos la constitución, nuestra vida, libertad y forma de vida desaparecerán. Junto con todo lo demás que tienes.

Este libro discutirá todas las formas en que planean apoderarse del país, junto con nuestra última línea de defensa de la constitución. También discutirá muchos más temas que nos están afectando en este momento y empeorarán en el futuro de Estados Unidos.

Billy Grinslott

Se supone que Estados Unidos debe ser dirigido por el pueblo, no por el gobierno y otras entidades. Ha llegado el momento de que nos interesemos por proteger nuestra forma de vida. Estamos siendo vendidos al mejor postor.

Colapso de la economía estadounidense

Bueno, aférrate a tus pantalones, te espera un viaje salvaje. Estados Unidos está a punto de ver su economía estancarse o colapsar. Estamos a punto de pasar por la inflación más alta que hemos visto en décadas y el mercado de valores va a reaccionar y lo más probable es que caiga o colapse.

La administración actual parece estar ignorando todo. Sus políticas están empezando a tener un efecto negativo en la economía. Todo el mundo va a pagar por ello ya que la inflación está en aumento. Entonces, qué es la inflación y cómo afecta a la economía.

La inflación es una medida de la tasa de aumento de los precios de los bienes y servicios. La inflación conduce a precios más altos para necesidades como los alimentos, tendrá un impacto negativo en la sociedad. La inflación es la tasa de aumento de los precios de los bienes y servicios. La inflación ocurre cuando los precios suben debido a aumentos en los costos de producción y los salarios. Un aumento en la demanda de productos y servicios puede causar inflación, ya que los consumidores pagarán más productos.

Entonces, cómo te afecta la inflación a ti y a la economía? Aumenta los precios de todos los productos como vivienda, automóviles, alimentos, atención médica y servicios públicos, gas, combustibles para calefacción, así como artículos de lujo. Esto significa que pagarás más por todo lo que compres.

Los perdedores, la inflación es generalmente una mala noticia para los consumidores. Significa que el costo de vida está aumentando. Esto significa que su dinero está perdiendo valor y su poder adquisitivo disminuye. El dólar vale menos de lo que valía antes, obtienes menos por tu dinero. Tu dinero no compra tanto como antes.

Ahorradores, el valor de su cuenta de ahorros está bajando. Cuando la inflación es alta, sus ahorros comprarán menos. Porque pagarás más por todo. La tasa de interés que hará sobre sus ahorros bajará. Se le pagará una tasa de interés más baja sobre el dinero que tiene. Ganarás menos dinero con tus ahorros.

Mercado de la vivienda. A medida que aumenta la inflación, el valor de los bienes raíces disminuye. Esto significa que si está tratando de vender su casa, obtendrá menos por ella. Si usted es dueño de una casa y quiere pedir dinero prestado, la cantidad que puede pedir prestada será menor. Las tasas de interés aumentarán, los valores de las casas caerán. Esto significa que pagará más intereses sobre cualquier préstamo que obtenga y tendrá menos valor para pedir prestado.

Cuando la economía está funcionando bien y la tasa de desempleo es baja. Cuando la inflación golpea y todos están pagando más por los productos, incluidas las empresas. Para controlar sus gastos, despiden a la gente y la tasa de desempleo sube. Hay menos puestos de trabajo disponibles.

La estanflación ocurre cuando la inflación sigue siendo alta, pero la economía de un país no está creciendo y su desempleo está aumentando. Por lo general, cuando aumenta el desempleo, la demanda de los consumidores disminuye a medida que las personas observan sus gastos más de cerca. Cuando ocurre la estanflación, los precios siguen siendo altos a medida que disminuye el gasto del consumidor, lo que hace que sea cada vez más caro comprar los mismos bienes.

Todo esto se suma a una cosa. Tienes menos dinero para gastar y estás pagando más por todo. Su dólar vale menos y no se estira tanto como antes. Para algunas personas, tendrán dificultades para mantenerse al día con sus facturas, debido al aumento de los precios. Esto perjudica a la economía porque todos tienen menos dinero para gastar.

Cómo reacciona el mercado de valores? Es simple, baja. Cuando las personas deben pagar más por todo lo demás, tienen menos para invertir. Si tiene una cuenta de jubilación, perderá valor y tendrá menos para la jubilación. Si la inflación continúa aumentando, su cuenta de jubilación continuará disminuyendo.

Lo peor de que la inflación siga aumentando es que puede poner a la economía en recesión. A medida que las personas tienen menos dinero para gastar y las tasas de desempleo aumentan, se agrava el problema. Eventualmente, el país terminará en una recesión.

Ahora, por qué mencioné todo esto? La forma en que la administración actual está dirigiendo el país, pensando que el gasto y los impuestos es la mejor manera de dirigir el país. Esto es lo que va a pasar. Ya han subido los impuestos a las empresas o a todos los que ganan más de 400 mil al año.

Las empresas reaccionaron subiendo los precios. En algunos de los capítulos que se avecinan, entro en más detalles de lo que sucede cuando se aumentan los impuestos a cualquier persona. La conclusión es que las empresas pasan ese gasto al consumidor. Eso es exactamente lo que está sucediendo en este momento.

Entonces, vas a pagar precios más altos por todo. Ya hemos visto un aumento en el costo de todos los bienes. El mercado de valores está cayendo porque está respondiendo a lo que está sucediendo. Sí, el mercado de valores puede oscilar hacia arriba y hacia abajo mientras se ajusta. A largo plazo bajará a medida que la inflación aumente. Los consumidores tendrán menos dinero para invertir.

El mercado de valores también va a reaccionar a medida que la administración actual siga agregando más impuestos a los consumidores. Eventualmente, los consumidores tendrán menos dinero para gastar de todos estos nuevos impuestos. Esto significa que los consumidores comprarán menos bienes. Cuando los consumidores gastan menos dinero, perjudica a la economía y el mercado de valores baja. Eventualmente corres el riesgo de tener una recesión.

La escritura está en la pared, ya está sucediendo. Los próximos años serán difíciles para los estadounidenses a medida que pasemos por la inflación más alta que hemos visto en décadas. Todos se verán afectados por el pago de precios más altos e impuestos más altos en el futuro debido a lo que sucederá en Estados Unidos. Los eventos que condujeron al año 2022 van a cambiar el resultado del futuro de Estados Unidos durante mucho tiempo.

Lo que estoy tratando de decir es que, no importa lo que escuchen, este no va a ser un viaje corto y lleno de baches, va a ser un largo camino hacia la recuperación. Nos llevará muchos años recuperarnos.

Hablemos de cómo llegamos al punto de alta inflación en los Estados Unidos, porque simplemente no sucedió de la noche a la mañana. Aunque en 2021 y en 2022 sucedió rápidamente debido a ciertas cosas que ocurrieron.

Una cosa que afecta a la alta inflación son las decisiones que toma el gobierno. Las políticas de cualquier administración tienen un efecto directo sobre lo que sucede en un país y cómo afecta a la economía. Como todos sabemos a estas alturas, es que los precios del gas tienen un efecto directo en los precios de nuestro país.

Cuando las compañías de camiones y otras compañías deben pagar más por el envío de sus productos, deben aumentar los precios para cubrir sus costos. Eso significa que los consumidores pagarán más por todos los productos que compren. De ahí la inflación.

How hizo todo este comienzo. Bueno, la administración actual y sus políticas para volverse verde y eliminar los combustibles fósiles tiene un efecto directo. Cuando decidieron dejar de perforar en busca de petróleo en los Estados Unidos y decidieron cerrar el oleoducto Keystone. Había que saber que iba a haber un precio que pagar.

Pasar de la independencia energética y tratar de impulsar una agenda como el green new deal tiene un efecto. Cualquier persona sensata puede darse cuenta de eso cuando decides eliminar las cosas que son energéticamente eficientes y baratas de obtener y decides pasar a cosas que son más caras. Tendrá un efecto directo en los precios. Costará más para todos.

Ahora no me malinterpreten. Creo que todos nos

damos cuenta de que necesitamos trabajar hacia mejores alternativas para ayudar a proteger nuestro medio ambiente. Pero no se puede simplemente eliminar las cosas en las que confiamos para impulsar una agenda. Debe hacerse durante un período de tiempo, para mantener las cosas funcionando sin problemas. La decisión de cerrar nuestra independencia energética tuvo el efecto más grande en nuestra economía.

Hablemos un poco sobre el nuevo acuerdo verde. Porque no es todo lo que está hecho para ser. Puede que no te guste lo que voy a decir, pero es la verdad. El nuevo pacto verde es un plan para estafar a los contribuyentes estadounidenses y realmente no ayuda a nuestro país.

Respira hondo y déjame explicarte. La cantidad de dinero que se destina a mejorar cualquier cosa en nuestro país que ayude al calentamiento global o al medio ambiente es de centavos por dólar.

Cuando observa el desglose de hacia dónde va el money, se sorprenderá al descubrir que la mayor parte ayudará a grupos de intereses especiales, organizaciones, empresas y agencias gubernamentales. Así es, la mayor parte va a llenar los bolsillos de otras personas y no se va a utilizar para lo que está destinado o lo que te dijeron que iban a hacer.

Una vez más, muchas personas se van a hacer ricas, y van a usar a usted, el contribuyente, para que eso suceda. Por qué cree que son tan inflexibles a la hora de impulsar el nuevo acuerdo verde , sin importar cuál sea el costo ? Ellos se van a beneficiar de ello y no tú. Eso y saben que el tiempo no está de su lado. Deben impulsar estas cosas para ganar tanto dinero con los contribuyentes mientras tienen el control.

Alejarse de la independencia energética no es lo único que afectó a la alta inflación. Tiene el mayor efecto, pero otras cosas jugaron en él. El Covid interrumpió nuestras cadenas de suministro. Pero cualquier gobierno sensato puede trabajar a través de eso porque es a corto plazo. Cuando tienes un gobierno que no parece querer resolver los problemas, crea un problema mayor.

Le garantizo que si Trump fuera presidente en 2021, habría descubierto una manera de descargar barcazas en la costa de California y enviar productos. En cambio, la administración Biden se durmió al volante y no hizo nada al respecto hasta que se convirtió en un gran problema. Una vez más, solo se preocupaban por sus propias agendas personales y no por hacer lo que era correcto para el país.

Hay varios factores que llevaron a una alta inflación y no voy a hablar de todos ellos. Pero este es uno que tenemos que mencionar. Nuestra economía estaba sobreinflada. El problema que todos tenemos en Estados Unidos es que nos gusta gastar dinero. Cada vez que algo sucede en Estados Unidos, nos apoyamos en el gobierno en busca de ayuda.

Esta ayuda que buscamos suele ser monetaria, estamos buscando dinero y pidiéndole a nuestro gobierno que nos rescate. Bueno, esto tiene un efecto perjudicial para todos a largo plazo. La única forma en que nuestro gobierno puede ayudarnos es pidiendo dinero prestado.

Cuando piden dinero prestado, aumenta nuestra deuda y déficit, lo mismo. You solo puede pedir prestado tanto dinero y, finalmente, su línea de crédito se agota y ya no puede pedir prestado.

Nos hemos acostumbrado a pedir dinero prestado. Entonces, cada vez que sucede algo, apuntalamos la economía mediante la creación de cheques de estímulo. En los últimos años hemos pedido prestado mucho dinero y confiamos en el hecho de que este dinero estaría respaldado. No se puede pedir dinero prestado para mantener una economía en marcha y mantener una economía saludable.

Piénsalo de esta manera. Digamos que estabas teniendo problemas para pagar tus cuentas. Se le ocurre esta gran idea para obtener una tarjeta de crédito para ayudar a pagar sus facturas mensuales. No solo creaste otra factura, porque ahora tienes un pago con tarjeta de crédito. Pero empeoraste tu situación porque te endeudaste más.

Esto es lo que Estados Unidos ha estado haciendo por un tiempo. Por lo tanto, nuestra economía se ha inflado demasiado porque pedimos dinero prestado para apuntalar la economía. Bueno, todo eso ha llegado a su fin y ahora estamos atrapados con un enorme déficit, que hay que pagar.

La única diferencia es que realmente no puede encontrar una manera de pagar sus facturas o generar más ingresos, pero el gobierno sí. Eso es aumentando los impuestos. Por lo tanto, prepárese para su futuro de altos impuestos. Cubriremos eso más adelante en el libro.

Otra cosa que causa una alta inflación son las empresas y organizaciones que se aprovechan de la situación y aumentan los precios para capitalizarla. La mayoría de las empresas se ven obligadas a aumentar los precios para mantenerse al día con el aumento de los precios, pero algunas empresas se aprovechan de ello y aumentan los precios más de lo necesario.

Cómo afecta todo esto al mercado de valores? Todos sabemos que el mercado de valores es volátil, especialmente cuando se trata de las noticias que se transmiten. El mercado de valores reacciona casi de inmediato a los anuncios diarios que se hacen. Eso suele ser un efecto a corto plazo.

El problema es que el gobierno tomó decisiones a principios de 2021 que nos iban a poner en camino para ver una alta inflación. El solo acto de cerrar el oleoducto Keystone y detener la perforación en los Estados Unidos, nos puso en camino para ver una alta inflación. Los precios iban a haber subido porque ahora estamos pagando más por el combustible y otros productos básicos. Gong lejos de la independencia energética nos puso en un curso acelerado.

Cuando se anuncia que los precios van a subir, el mercado de valores reacciona cayendo. Esto pone miedo en los consumidores, y comienzan a sacar dinero del mercado de valores y lo ponen en inversiones seguras, La acción de los inversores que se retiran del mercado de valores crea una caída mayor.

Las personas que tienen dinero para invertir, lo pondrán en inversiones seguras en lugar de jugar en el mercado de valores. Por lo tanto, el mercado de valores cae aún más con menos personas comprando acciones.

El verdadero problema son algunos de los ricos de

nuestro país. No digo que sean malas personas, las necesitamos. Yo haría lo mismo si estuviera en sus zapatos. Sacan su dinero del mercado de valores. Esta es una gran cantidad de dinero cuando lo sumas. Si tuvieras millones de dólares en el mercado de valores, la única forma de protegerlo, es eliminarlo o moverlo para asegurar inversiones y no asumir una gran pérdida. Como dije, todos haríamos eso.

Entonces, lo que queda en el mercado de valores es que el consumidor normal espera recuperar el dinero que perdió. Lo que realmente no ayuda a que las acciones suban. Necesitas que las personas ricas te ayuden dejando su dinero en el mercado de valores.

El otro problema es que una vez que la inflación sube y todos pagan más por las necesidades, la vida se vuelve costosa. Por lo tanto, el consumidor promedio ahora tiene menos dinero para invertir en el mercado de valores. Porque deben usar su dinero para vivir y pagar los precios más altos.

Una vez que el mercado de valores se ha desplomado, es muy difícil lograr que se recupere. La única forma en que se recupera es cuando nos sentimos lo suficientemente seguros como para comenzar a invertir o tener el dinero para invertir.

Eso significa que debe enderezar todos los problemas que causaron que se desplomara, incluido el problema de la inflación. Ahora debe esperar a que su gobierno enderece lo que causó el colapso y pedir prestado más dinero no es la respuesta.

Una vez   que se haya producido el desplome inicial,

verá una montaña rusa con el mercado de valores. Lo más probable es que siga bajando lentamente con el tiempo, pero notará una montaña rusa.

Esta montaña rusa es causada por comerciantes diarios y personas ricas, y es una falsa esperanza para los consumidores normales. People que tiene dinero jugará lo que me gusta llamar el doble juego diario. Comprarán acciones temprano en la mañana, subirán el precio de esa acción y luego la venderán. Esta acción puede ser buena para ellos, pero no es buena para el resto de nosotros. Porque no están dejando su dinero en el mercado de valores para darle un crecimiento gradual.

Entonces, para resumir este capítulo. Hay varias razones por las que en 2022 el mercado de valores se desplomará. Las malas decisiones del gobierno que causaron inflación es la razón número uno. El mercado de calcetines fue apuntalado por pedir dinero prestado para mantener la economía en marcha. Creando una falsa fortaleza en la economía.

Cómo será el futuro para el mercado de valores, bueno, aquí está mi opinión? Será un largo camino hacia la recuperación. Lo más probable es que tardemos años en volver a la normalidad. En 2022 y parte de 2023 creo que la bolsa seguirá cayendo. Entonces estaremos en un largo camino hacia la recuperación después de eso, no estoy seguro de que lo veamos ir tan alto como lo fue en el pasado. Porque se infló demasiado, y tendremos muchos problemas nuevos que lo afectarán en el futuro.

Este libro es parte de mis futuros libros de Estados Unidos. En el resto de este libro, discutiré cómo se verá el futuro de Estados Unidos. Algunas de estas cosas ya están sucediendo. Algunos eventualmente sucederán. No se equivoquen al respecto, Estados Unidos se dirige a algunos tiempos difíciles.

Colapso de la economía estadounidense

Entregue su cheque de pago al gobierno

Este capítulo discutirá dos temas combinados. Impuestos y cómo todo su cheque de pago terminará yendo al gobierno a través de los impuestos.

Hablemos del tema favorito de todos, el dinero. Ooh, dinero, dinero, dinero. Te voy a hacer algunas preguntas, por favor participa pensando seriamente en ellas. También te voy a pedir que seas honesto contigo mismo, al pensar en esto.

Vamos a hablar sobre cómo terminará dando todo su cheque de pago al gobierno. Ahora podrías pensar que esto es ridículo. Para cuando terminemos con este capítulo, es posible que tenga una perspectiva diferente.

Uno de los mayores problemas que tenemos en los Estados Unidos en este momento es que nuestra deuda es demasiado alta. Cuál cree que es nuestro déficit actual en los Estados Unidos? La respuesta es de alrededor de 28 billones de dólares. En el momento en que escribo esto, ahora eso va a cambiar porque seguimos acumulando más deuda. Entonces, solo va a aumentar.

Primera pregunta, quién cree que es responsable de que el déficit sea tan alto? La respuesta podría no ser lo que quieres escuchar. Piensa en eso por un minuto. Pero va a ser, la verdad.

Siguiente pregunta. Quién cree que debería pagar el déficit? Una de las únicas formas en que se paga el déficit es aumentando los impuestos. Ahora, estoy dispuesto a apostar que hay algunas personas sentadas allí en este momento diciendo, no yo, no aumenten mis impuestos.

Podemos conseguir que alguien más pague por ello.

Siguiente pregunta. Cuando aumentan los impuestos a todos, haciendo un ingreso de más de $ 400,000, crees que no te afecta, porque ganas menos que eso?

Les voy a pedir que mantengan una mente abierta cuando haga esta declaración. Voy a ser brutalmente honesto. Parte del problema que tenemos, es que no siempre somos honestos con nosotros mismos? Por lo general, queremos culpar a algo o a alguien más por los problemas que tenemos.

Les voy a pedir que piensen en lo que tengo que decir aquí con una mente abierta. Puede que no te guste, pero tendrá sentido. El problema de decir la verdad es que nadie realmente quiere escucharla.

También me doy cuenta de que, en la sociedad, cuando alguien dice la verdad. Son automáticamente etiquetados, gritados, gritados, menospreciados o se saca la carta de triunfo y se les llama racistas. Porque alguien no está de acuerdo con ellos. Les voy a pedir que no hagan eso. No debería suceder de todos modos. Deberíamos ser capaces de compartir opiniones sin todas esas tonterías. Mientras lees este libro. Por favor, tenlo en cuenta.

Mucha gente quiere culpar al gobierno por aumentar la deuda. Sí, ellos tienen la culpa de mucho de eso. Gastan dinero tontamente y parecen usar a los contribuyentes para llenar sus propios bolsillos y a las compañías y organizaciones que los poseen. También, para cumplir con sus propias agendas personales.

Sin mencionar que cada vez que aprueban un proyecto de ley parece que hay mucho dinero que va a lugares a los que no debería ir. Usan el dinero del pueblo estadounidense para sus propias agendas personales.

Cada vez que hay un problema, queremos culpar al gobierno. Pero no es completamente su culpa. Ahora no me malinterpreten, hacen su parte de gastar de más y asignar dinero a lugares a los que no debería ir.

Pero a veces cuando reparten dinero o hacen rescates, es porque las personas o las empresas lo necesitan o lo han pedido. Por lo tanto, solo están tratando de hacer su trabajo y mantener a la gente feliz.

Respondamos a la primera pregunta. Quién crees que es responsable de aumentar la deuda en los Estados Unidos? La respuesta eres tú. Yo, todos, todos nosotros. Sé que estás sacudiendo un poco la cabeza. Pero todos tenemos la culpa de aumentar nuestra deuda nacional. Es nuestro país, y permitimos que suceda.

Así que. Permítanme aclarar esto. Es nuestra culpa porque permitimos que nuestro gobierno se aproveche de nosotros. Cada vez que pasan una factura y el dinero se utiliza por razones no legítimas; simplemente lo aceptamos.

En lugar de enfrentarse al gobierno y decirles que dejen de gastar nuestro dinero tontamente o para sus propias agendas personales. O para llenar los bolsillos de otras organizaciones o empresas que se benefician, simplemente dejamos que suceda. Lo aceptamos como algo normal y no controlamos cómo se gasta nuestro dinero.

Mucha gente se ha estado aprovechando del gobierno durante mucho tiempo. Tenemos personas que han estado recibiendo asistencia que probablemente no debería ser una ayuda. No me malinterpreten, no creo que nadie en los

Estados Unidos tenga problemas para ayudar a las personas que necesitan asistencia. Somos buenas personas de esa manera.

Veamos dónde tenemos la culpa. Hay mucha gente que se aprovecha del sistema. Podría preguntarse por qué estoy mencionando esto, es porque aumenta nuestro déficit. Vivimos en lo que me gustaría llamar una sociedad libre. No quiero decir que seamos libres. Quiero decir que todo el mundo quiere algo gratis.

Quiero una educación gratuita. Quiero atención médica gratuita. Qué más puedo obtener gratis? Dame algo gratis. El problema es que nada es gratis. Alguien debe pagar por ello. Pero cuando llega el momento de devolverlo. No quieren devolverlo. Quieren que alguien más lo devuelva por ellos. No es responsabilidad de todos?

No solo tenemos individuos que se aprovechan del gobierno. Tenemos organizaciones y empresas que están tomando dinero y realmente no lo necesitan. Tenemos estados que no pueden controlar sus propios déficits, quieren dinero del gobierno. Todos tienen su mano en el frasco de galletas.

Ahora todos somos culpables de permitir que esto suceda. Porque tenemos la actitud de que, bueno, el dinero es gratis. Simplemente pueden imprimir más. Permitimos que esto suceda. Por lo tanto, Estados Unidos necesita unirse y dejar de gastar tanto dinero.

El otro problema que tenemos es que, cada vez que algo sucede en Estados Unidos, esperamos que el gobierno nos rescate. Por lo general, esto es en forma de dinero o cheques de estímulo. Hemos llegado al punto de que es normal hacer esto. Se ha convertido en la norma para los estadounidenses.

Para resumirlo todo, lo que estoy tratando de decir es que se ha vuelto normal que los estadounidenses extiendan su mano cada vez que sucede algo y digan, dame, dame, dame. El problema es que la mayoría de los estadounidenses no creen que haya una consecuencia en esta acción, pero la hay.

Hemos sido programados como estadounidenses, para gastar dinero. Nos hemos acostumbrado a ello. La mayoría de los estadounidenses corren con la actitud. Que podemos simplemente gastar, gastar, gastar. Solo puede gastar tanto dinero antes de que la deuda deba pagarse. No es diferente a poseer una tarjeta de crédito. Hay un límite y luego debe ser devuelto.

El déficit no es diferente. Solo podemos acumular el déficit tanto, que luego tendrá que ser devuelto. Ya que todos participamos en el aumento de la deuda. Dependerá de todos nosotros devolverlo. No me malinterpreten, nuestros funcionarios electos hacen su parte de gastar en exceso y cumplir con las agendas personales, pero permitimos que suceda.

Nosotros, como estadounidenses, hemos tenido la actitud de que quiero lo mejor, sin importar el costo. Hemos sido programados para gastar, gastar, gastar. Esa actitud debe cambiar. Necesitamos dirigir el gobierno como dirigimos nuestros hogares, con un presupuesto ajustado.

Ahora, como dije, la verdad duele. El hecho es que todos somos culpables de aumentar la deuda del país. Permitimos que suceda y la única forma en que cambiará es si le hacemos saber a nuestro gobierno que debe detenerse.

Quiero decir, antes de seguir con esto. Mi corazón está con todos los que se vieron afectados por COVID-19. Personalmente perdimos a un miembro de la familia debido a eso y hemos tenido miembros de la familia que se enferman. Hemos tenido otro miembro de la familia que ha estado desempleado desde que comenzó. Entonces, todos nos hemos visto afectados por eso.

Te voy a dar un ejemplo y puede que no sea el mejor ejemplo. Pero el Covid-19 ha elevado bastante la deuda en Estados Unidos. Ahora no me malinterpreten. Nadie pidió que el Covid-19 estuviera aquí, y muchos de nosotros pasamos por un momento difícil.

Pero lo que va a suceder a continuación es que todo el mundo va a usar el Covid-19 como una excusa de por qué nuestro déficit es tan alto y simplemente no es cierto. Por supuesto, aumentó nuestro déficit.

La razón por la que menciono esto es, porque antes de COVID-19, ya teníamos un gran déficit. Ya estábamos acostumbrados a gastar dinero como gangbusters. Por lo tanto, no podemos usar el Covid-19 como la única excusa de por qué nuestro déficit es tan alto.

Aquí hay algunos números. A finales de 2019, nuestra deuda nacional era de alrededor de $ 22 billones. Esto es antes de que el Covid-19 golpee al país. Nuestra deuda promedio sube de $ 2 a $ 3 billones al año. Entonces, incluso sin covid-19, nuestra deuda habría sido de alrededor de $ 25 billones para 2021.

Nuestro déficit aún habría aumentado incluso si el Covid-19 estuviera aquí o no. Puede que no haya subido tanto como lo hizo. Pero como dije, los estadounidenses están acostumbrados a gastar dinero y el déficit aún habría aumentado. Seguiríamos teniendo un enorme déficit.

No voy a continuar con eso por mucho tiempo, entendiste el punto. Lo que quiero que te hagas es una pregunta honesta. Cuando el Gobierno entregó cheques de estímulo para el Covid-19, lo gastó para pagar sus cuentas?

El gobierno entregó los cheques de estímulo porque esa era su intención. Sabían que la gente se estaba atrasando en sus hipotecas y facturas. Entonces, crearon los cheques de estímulo para ayudar a las personas a pagar su deuda. Es lo que todos pedían y querían. Nosotros, como nación, pedimos ayuda.

Podrías pensar, trabajo para el gobierno, no trabajo para el gobierno? Pero el gobierno, hizo lo que la gente les pidió que hicieran. Eso fue para darte dinero para ayudarte a pagar tus cuentas. Eso es ser honesto. Una vez más, les permitimos pedir prestado más dinero del que se necesitaba.

Para aquellos de ustedes que gastaron su cheque de estímulo para pagar su hipoteca o facturas, felicitaciones para usted. Gastaste el dinero en lo que estaba destinado, camino a seguir.

Pero lo que sucedió en cambio fue que mucha gente salió de compras, respiró hondo, se relajó, no estoy acusando a todos. Gastaron su cheque de estímulo para ir de compras y no fue para comprar comida o pagar sus cuentas. En este punto, es posible que estés riendo, gritando, gritando o que pienses que soy un idiota. Pero puedo demostrarlo

Tengo cuatro sitios web. Conozco a mucha gente que también dirige negocios. Lo que es extraño es que nuestras ventas aumentaron drásticamente justo después de que se entregaron los cheques de estímulo. Esto me dice que mucha gente realmente no usó el dinero para pagar sus cuentas. Pero tomaron el dinero y salieron de compras.

También puedo verificar esto porque, tomamos pedidos telefónicos. Tuve un chico que me dijo específicamente por teléfono, que recibió su cheque de estímulo y que tenía que gastarlo. Mi primer pensamiento fue, bueno, se supone que debes usar ese dinero para pagar tus cuentas, para que podamos disminuir la carga sobre la economía. Bueno.

Ahora, no quiero ser duro con esto, pero estoy tratando de hacer un punto. Mucha gente tomó dinero y no hizo lo que se suponía que debían hacer con él. Hay parte de eso, quiero algo gratis.

Por lo tanto, permítanme demostrar mi punto de vista nuevamente sobre la naturaleza humana y no todos tienen la culpa. Esto es lo que va a suceder a continuación. Todas las personas que tomaron el dinero y no lo usaron para pagar sus cuentas, todavía van a estar atrasadas en sus facturas e hipoteca.

Entonces van a estar mirando al gobierno para rescatarlos de nuevo. Van a pedir otro cheque de estímulo. Esto elevará aún más nuestro déficit. Porque no usaron el dinero como estaba previsto.

Como dije, iba a ser brutalmente honesto. No te enojes conmigo. A veces decir la verdad duele. Pero estos son los hechos. No pagaron sus cuentas y pedirán más dinero.

Mientras estás sentado aquí leyendo esto, debes hacerte la pregunta honesta. Qué hiciste con tu cheque de estímulo?

Ahora sé que usar Covid-19 puede haber sido un mal ejemplo. La única razón por la que lo usé, es porque fue uno de los últimos eventos en los que le pedimos dinero al gobierno. Mi punto es con o sin Covid-19. El pueblo estadounidense siempre encontrará formas de gastar dinero y pedir un rescate. Nos hemos acostumbrado.

Lo hemos estado haciendo durante mucho tiempo. Hemos estado acumulando deudas durante mucho tiempo. Nos hemos acostumbrado a ello. El problema es que la deuda es nuestra deuda, y debe ser pagada.

Tenemos esta actitud, que sabemos que la deuda debe ser pagada, pero cuando llega el momento de aumentar los impuestos para pagar la deuda. Todo el mundo comienza a jugar un juego de escondite. No yo, no me encuentres, encuentra a alguien más. Haz que alguien más lo pague. No es mi responsabilidad, en realidad lo es.

Hice la pregunta antes. Si aumentan los impuestos a todos, ganan más de $ 400,000 al año. Te afectará? La respuesta es un sí directo.

A continuación, le indicamos cómo. Cuando aumenta los impuestos a cualquier persona en los Estados Unidos. Crea un efecto de goteo. Cuando aumenta los impuestos a las personas o empresas que ganan más de $ 400,000 al año. Confía en mí, no gano más de $ 400,000 al año. Pero soy lo suficientemente sabio como para entender lo que va a suceder a continuación.

Recuperar el dinero extra que están pagando en impuestos. Aumentarán los precios de sus productos o despedirán a la gente? De cualquier manera, se filtra. Sin mencionar que algunas empresas se mudarán fuera del país. Lo que provocará más desempleo. También afectará los salarios, se le pagará menos, para que puedan recuperar el costo.

Cuando aumentas los impuestos a las grandes empresas, te van a pasar ese gasto a ti. Entonces, a largo plazo, está pagando más por todo lo que compra. Lo van a obtener de ti, aumentando sus precios.

La próxima vez que vayas de compras, si pagas más por un producto, piensa en esto y tendrá sentido. La conclusión es si aumentan sus impuestos o los impuestos de otra persona. Tiene un efecto de goteo, y afecta a todos.

Entonces, permítanme darles otro ejemplo. Recientemente cerraron el oleoducto Keystone. Mucha gente fue despedida. No es solo el hecho de que Keystone despidió a la gente. Afecta a todas las otras empresas que dependían de la entrada de dinero. Esas empresas van a tener que despedir gente porque tienen menos dinero. Mucha gente perdió sus empleos e ingresos. Entonces, como ves, hay un efecto de goteo.

Qué pasó después, los precios de la gasolina subieron casi de inmediato? Mis precios de propano subieron en más de $ 0.50 por galón. Como dije, hay un efecto de goteo en todo lo que sucede. Como consumidor, pagará más por su producto.

Si paga más en las facturas de gas, calefacción y electricidad, ahora sabe por qué. Aumentar los impuestos y eliminar los empleos, afecta a todos. No importa a quién aumentes los impuestos, afecta a todos.

Hablemos un poco más sobre la naturaleza humana y la voluntad de algunas personas que quieren aprovecharse del sistema, sin importar cuál sea el costo. Hablemos del desempleo. Durante la pandemia de Covid-19, el gobierno aumentó y amplió la cantidad del seguro de desempleo para ayudar a las personas que perdieron sus empleos.

Mi opinión sobre el desempleo es que lo necesitamos. Muchas personas pierden sus trabajos por razones inesperadas y se necesita ayuda. Creo que todos estamos de acuerdo en eso. El punto detrás del desempleo es que está ahí para ayudarlo hasta que pueda volver al trabajo.

Prácticamente hemos trabajado durante la pandemia de Covid-19, y todo está volviendo a la normalidad para la mayoría de las personas. Los únicos que no están volviendo a la normalidad son los que todavía quieren usar el Covid-19 como excusa.

Los empleos están volviendo fuertes, y las empresas están contratando. Sin embargo, tenemos personas que se niegan a volver a trabajar y se están aprovechando del sistema, porque están ganando más en el desempleo.

En lugar de volver a trabajar y disminuir la carga sobre la economía, han decidido aprovechar el sistema. Ya sea que el desempleo sea pagado por el empleador o reembolsado a través del gobierno, todos terminarán pagando por ello.

Cuando el empleador debe pagar un seguro de desempleo más alto, va a pasar ese costo al consumidor. Pagarás más por todo. Sin mencionar que afectará los salarios, ganará menos.

Ahora vayamos al grano. Siendo que nosotros, como

estadounidenses, tenemos esta actitud despreocupada cuando se trata de gastar dinero, y seguimos acumulando nuestro déficit. Esa deuda va a tener que ser pagada. Sólo podemos aumentar el déficit tanto antes de que deba pagarse.

La única manera de pagar el déficit es aumentar los impuestos. Habrá que subir los impuestos, a todos. Esto es lo que va a pasar. Los impuestos se elevarán a todos. Por supuesto, el gobierno tendrá más dinero. Pero no se utilizará para pagar el déficit. Se utilizará solo para pagar la factura mensual de la deuda que ya tenemos.

Entienda esto, el gobierno pide dinero prestado para mantener la economía en marcha. No es diferente a si pide dinero prestado y debe pagar la factura. El gobierno pide dinero prestado y es nuestro trabajo pagar esa factura todos los meses. Esto se hace a través de los impuestos.

Como solo estamos pagando la factura mensual de la deuda que debemos, el déficit no disminuye. Como solo estamos pagando la factura mensual y estamos acostumbrados a gastar y pedir dinero prestado, el déficit seguirá aumentando. Entonces, el déficit seguirá subiendo porque solo estamos pagando la factura mensual de la deuda que tenemos.

Para mantenernos al día con el pago de la deuda que tenemos y el creciente déficit, los impuestos tendrán que volver a subirse. Ahora, no voy a seguir repitiendo esto, el ciclo continúa de esta manera. El déficit sigue aumentando, tenemos una deuda más alta que pagar, se necesitan recaudar más impuestos para pagar esa deuda, y ese ciclo continúa.

Colapso de la economía estadounidense

Eventualmente, se le cobrarán tantos impuestos, que no le quedará nada en su cheque de pago. Todo va a ayudar a pagar la deuda que hemos acumulado. Por lo tanto, usted estará dando todo su cheque de pago al gobierno para ayudar a pagar la deuda, a través de los impuestos.

Ahora, me doy cuenta de que hay algunas personas que estarían perfectamente felices con entregar su cheque de pago cada semana y recibir todo pagado. Pero creo que la mayoría de la gente quiere mantener su cheque de pago y gastar dinero en lo que quieren.

Si todos no nos unimos y controlamos la deuda del país, esto es lo que debemos esperar en el futuro. Una última nota antes de seguir adelante.

Se ha hablado mucho de convertir a nuestro país en un país socialista o comunista. Qué crees que sucede? Vas a trabajar; usted le da su cheque de pago al gobierno. Te dan una casa para vivir, te dan un subsidio para vivir. Si no controlamos nuestra deuda, eventualmente no habrá otra opción.

Ahora, para algunas personas, esto puede estar bien. Sigo pensando que la mayoría de la gente quiere la libertad de gastar su cheque de pago como mejor les parezca. La única forma de salir de esto es que todos nos unamos y dejemos de gastar tontamente y dejemos de aumentar el déficit.

Necesitamos unirnos y dejar en claro a nuestro gobierno que gastar dinero tontamente debe detenerse. Es nuestro gobierno y deben hacer lo que la gente quiera. Si seguimos permitiéndolo, solo va a empeorar.

Además de ser gravado con cargo a su cheque de pago,

hay un par de cosas a considerar. Primero, se ha mencionado que ciertas personas u organizaciones están aumentando intencionalmente la deuda, para que puedan impulsar su agenda de convertir a los Estados Unidos en un país socialista o comunista.

Ya tienen un plan para confiscar su cheque de pago. Su objetivo es que todos les entreguen su cheque de pago y ellos decidirán cómo vives.

El punto es que hay ciertas personas que quieren controlar todos los aspectos de tu vida. No se preocupan por ti. Para ellos todo se trata de poder y dinero. Lo quieren todo y harán lo que sea necesario. Quieren dirigir el país a su manera y tu opinión no importa.

Permítanme demostrar un punto. Comencé este libro hablando de políticos que venden su suela. Deben a las organizaciones y empresas que los eligieron. Alguna vez notó cuando piden dinero prestado para hacer un cheque de estímulo, que la mayor parte del dinero no va a la gente?

Un paquete de dos billones de dólares y un pequeño porcentaje salieron en cheques de estímulo. A dónde creo que fue a parar el resto de ese dinero? Lo has adivinado, a las agendas personales o a las personas que las poseen.

Además de eso, usaron la emoción del pueblo estadounidense para hacerlo realidad. No tengo ningún problema con la entrega de cheques de estímulo a las personas que necesitan ayuda.

El problema es este. Deberíamos habernos puesto de pie como un todo y decirle a nuestro gobierno que solo pidiera prestado suficiente dinero para los cheques de estímulo, pero no lo hicimos. Les permitimos aumentar nuestro déficit en billones para cumplir con sus propias agendas personales.

Tenemos el derecho de dictar cómo nuestro gobierno gasta nuestro dinero, pero no lo hacemos. En cambio, les permitimos usar nuestro dinero para llenar sus bolsillos u otras organizaciones y aumentar el déficit.

Algunos políticos lucharon en contra de hacer esto. Dijeron que había demasiado relleno en él, que el dinero no se estaba utilizando para sus intenciones. Por supuesto, la gente entró en un alboroto, quiero mi cheque, quiero mi dinero ahora. No importa cuál sea el costo.

Mi punto es que no controlamos el gasto en ese momento. Vivimos por el momento. A medida que aumenta el déficit y no nos interesamos en cómo se gasta nuestro dinero o en controlar nuestro presupuesto. Llegará el momento en que te pidan tu sueldo para saldar el déficit.

No se queje ni se queje, simplemente entréguelo, porque no se interesó en controlar el gasto en ese momento. Todos tendremos que pagar por ello en algún momento. Tenemos el derecho de dictar cómo se gasta nuestro dinero y no lo estamos haciendo.

Hablemos del nuevo acuerdo verde. La administración actual está planeando pedir prestados de 6 a 10 billones de dólares para que esto suceda. Quién crees que va a ser responsable de devolver esto?

No serán grandes empresas, por dos razones. Uno, cuando se les grava, pasarán ese gasto al consumidor. Dos, algunas compañías abandonarán los Estados Unidos devolviendo la carga a los contribuyentes. Eso significa que todos nosotros pagaremos esa deuda a través de los impuestos. No importa lo que te digan, siempre llega a los contribuyentes.

Finalmente, están trabajando en la aprobación de un proyecto de ley donde van a aumentar los impuestos sobre las ganancias de capital en las cuentas de ahorro y jubilación. Este es un impuesto a todos, te dijeron que no les creyeras cuando dijeron que solo estaban aumentando los impuestos a los ricos.

En este proyecto de ley también están aumentando el impuesto a la muerte, conocido como el impuesto al patrimonio. Esto es lo que nunca entendí sobre el impuesto a la muerte. Ese dinero ya ha sido gravado. Bueno, estamos acostumbrados a duplicar, triplicar la imposición. El punto es que están persiguiendo a todos de una manera u otra.

Quieres dejar algo de dinero a tus hijos cuando fallezcas? El nuevo proyecto de ley que están proponiendo, eliminará este dinero de estar libre de impuestos. Por ejemplo, en mi estado, puede tener un patrimonio por valor de 3 millones de dólares que puede transmitir sin carga fiscal para sus hijos. La nueva ley se deshace de esto, por lo que todo lo que transmites está sujeto a impuestos. Como dije, vienen para todos.

La otra razón por la que se le puede pedir que renuncie a su cheque de pago es por la igualdad. Cubriremos eso en el próximo capítulo. La conclusión es que, si no nos interesamos en controlar la deuda de nuestro país, todos tendremos que pagar al gaitero. Impuestos, Impuestos, Impuestos. Sí.

Colapso de la economía estadounidense

Adiós a los ahorros y la jubilación

Ahora no voy a dedicar mucho tiempo a este tema. Se relaciona con dar todo su cheque de pago al gobierno. Hay un par de razones por las que es posible que tenga que decir adiós a sus ahorros y jubilación.

Hace unos años, una de las cosas que surgieron fue la idea de sumergirse en las cuentas de jubilación y ahorro de las personas para ayudar a pagar el déficit. La idea se cerró de inmediato debido a quién era el presidente en ese momento.

En el último capítulo descubrimos cómo es posible que usted esté dando todo su cheque de pago al gobierno a través de los impuestos, el socialismo o el comunismo. Porque aumentamos el déficit tan alto. La misma regla se aplica aquí.

Una vez que nuestra deuda sube tan alto y su cheque de pago se ha ido debido a los impuestos. Para pagar la deuda que hemos acumulado, se nos pedirá que renunciemos a lo que tenemos en nuestras cuentas de ahorro y jubilación para mantener el país en funcionamiento. Ahora estoy seguro de que mucha gente estaría molesta por esto.

Podrías pensar que esto nunca sucedería o que no hay forma de que pueda suceder. Estoy aquí para decirles que eventualmente sucederá, si no enderezamos la deuda que tenemos en nuestro país. Una vez que se desmantele la constitución, no tendrá más derechos ni protección. Aprobarán las leyes que necesiten.

Este es el problema que tienes. La semilla ya ha sido

plantada en la mente de muchos. Una vez que se planta una semilla, comienza a crecer. Eventualmente florece en una planta adulta. En este caso será una hierba fea que a nadie le gusta. El punto es que la semilla ha sido plantada y madurará en algo real, siempre lo hace.

Otra cosa a tener en cuenta. En este momento, en los Estados Unidos, tenemos mucha división en marcha. Parte de nuestra población cree que todos deben ser iguales o tener igualdad. Otros todavía creen que tenemos derecho a tener éxito, ganar riqueza y vivir el sueño americano.

El sueño americano siempre ha sido la libertad. La libertad de ganar tanto dinero como quieras. La libertad de gastar su dinero como mejor le parezca. La libertad de acumular riqueza. La libertad de triunfar.

Pero, como dije, tenemos muchas personas que piensan que todos deberíamos ser iguales o tener igualdad. Lo que quiero decir con esto es que todos deberíamos ser dueños de la misma casa, conducir el mismo automóvil, tener la misma cantidad de dinero. Este tema ha estado apareciendo mucho últimamente.

La igualdad significa que cada individuo o grupo de personas recibe los mismos recursos u oportunidades. El número de personas que creen en la igualdad está creciendo. A medida que crece, más personas se suben a bordo.

Entonces, lo que esto significa para todas las personas que han logrado ganar riqueza, se les pedirá que renuncien a su dinero, para que todos podamos ser iguales o tener igualdad. Oh, eso incluye su cheque de pago, le dije que lo uniría. Ahora bien, esto no parece justo, pero mucha gente piensa que es justo. Por qué una persona debería tener más que la otra?

Ahora, el problema con la igualdad es que arruina la economía. Déjame explicarte. Digamos que eres una de esas personas que trabaja 60 horas a la semana porque tienes el impulso para tener éxito. Usted guarda dinero, para que pueda tener ahorros, jubilarse temprano o tener una buena jubilación.

Una vez que pierdes todo ese dinero, tu impulso para trabajar y tener éxito desaparece. Seamos honestos, por qué debería trabajar 60 horas a la semana, cuando mi vecino decide, no necesita trabajar y tiene las mismas cosas que yo? Diablos, para ser honesto, mucha gente dejará de trabajar. Por qué trabajar cuando puedo obtener todo gratis y vivir igual que todos los demás?

Como puedes ver, la igualdad no funciona. Destruye una voluntad, para tener éxito y no hay dignidad o respeto que ganar trabajando. No se puede tener a la mitad del país trabajando y a la otra mitad sin trabajar y mantener una buena economía o medio ambiente, conduce a muchos problemas.

Como puede ver, el sueño americano se ha ido debido a la igualdad. Bueno, el nuevo sueño americano es la igualdad de todos modos, también podría acostumbrarse a él. Hay mucha gente que se sube a bordo con esta teoría. Si alguna vez se implementa, será el fin de nuestra economía tal como la conocemos.

Es posible que tengas la actitud de que esto no me afectará. Bueno, tal vez lo compruebes, antes de que esto suceda. Pero si te preocupas por el futuro de tus hijos o nietos, es posible que desees pensar en lo que les estás dejando.

Nuestra única forma de salir de esto es que el pueblo estadounidense cambie nuestra actitud sobre cuánto dinero estamos gastando y acumulando deudas. Tendrá que ser pagado en algún momento. Si no lo conseguimos, el futuro será interesante.

Para resumir los últimos capítulos, quiero que recuerdes una cosa. Su plan es tomar todo lo que tienes y controlar cada aspecto de tu vida. Están trabajando en el desmantelamiento de la constitución para que esto suceda.

Una vez que se desmantele la Constitución, crearán leyes para que esto suceda. Recuerda que se trata de que ellos tengan todo y tú no tengas nada. Obviamente hay mucha riqueza para que ganen, o no serían tan inflexibles al respecto.

Trabaja hasta que mueras

Si lees los dos últimos capítulos, eso es genial. Este capítulo se vinculará con ellos porque todos van de la mano.

La edad de jubilación ya ha cambiado varias veces en los Estados Unidos. Hay varias razones para ello. La gente vive más tiempo. No hay suficientes trabajadores que paguen al sistema para apoyar las cuentas de seguro social, Medicaid y Medicare. No hay suficiente dinero en las cuentas. Al menos estas son las excusas que escuchamos.

Lo único que notarás al leer este libro es que no tengo problemas para decir la verdad. Me doy cuenta de que hay mucha gente que no quiere ser culpada por los problemas que tenemos. La conclusión es que todos tenemos la culpa porque permitimos que suceda. Es nuestro país. Es hora de que todos nos miremos en el espejo y veamos cómo estamos afectando a nuestro país. O lo que podemos hacer para ayudar a reducir la deuda en nuestro país.

Ahora, quiero decir esto antes de continuar. Hay mucha gente genial en Estados Unidos, realmente la hay. Somos algunas de las personas más generosas del mundo. La mayoría de nosotros simplemente vivimos nuestras vidas normales y no prestamos atención a lo que está sucediendo en nuestro país. El problema es que se está aprovechando de nuestra generosidad y es hora de que comencemos a prestar atención antes de que sea demasiado tarde.

Hablemos primero de la seguridad social. El seguro social es un programa que se creó para que usted se jubile. Mientras trabaja, paga al seguro social, por lo que cuando se jubile, puede obtener un cheque para ayudar a pagar sus facturas.

Durante años hemos escuchado que la cuenta del seguro social está casi explotada. Que no hay suficiente dinero en la cuenta para las generaciones futuras. Cree que se ha aprovechado porque tenemos demasiadas personas jubiladas que reciben beneficios? Lo crees porque ha sido mal manejado? Crees que es porque mucha gente se está aprovechando del sistema?

Bueno, la respuesta es muy probablemente todos ellos. Pero una vez más, estaría en mejor forma si no fuera por las personas que se están aprovechando del sistema. Ahí lo tienes, apuesto a que alguien me está gritando y gritando en este momento, porque nos culpé, Como he dicho antes, la verdad duele. Voy a exponer mi punto.

Te voy a contar una historia de cartas. Me gusta jugar a las cartas. Voy al casino periódicamente y me gusta jugar a las cartas. Tenemos 8 personas sentadas a la mesa y al cruzar la habitación hay un hombre empujando a una dama en una silla de ruedas. Cuando la vemos venir, todos nos ponemos de pie y reorganizamos nuestras sillas para que pueda sentarse en nuestra mesa en su silla de ruedas.

Como dije, la mayoría de nosotros somos grandes personas, hay una persona en silla de ruedas, hacer adaptaciones, es solo lo cortés que hay que hacer. No me gustaría estar atado a una silla de ruedas. Generalmente me siento mal por cualquier persona en silla de ruedas. No me gustaría vivir de esa manera.

Después de aproximadamente una hora de juego, todos nos estamos divirtiendo riendo, bebiendo y ella está incluida, se está divirtiendo tanto como cualquiera. Luego dice, necesito ir al baño. Un par de personas dicen necesitas ayuda?, ella responde que no.

Se pone de pie y con la parte posterior de las piernas, empuja la silla de ruedas hacia atrás, se da la vuelta y sale de la habitación. Todo el mundo se queda callado.

Mientras camina por la habitación, todos la estamos mirando. Ella no tiene enganche en su paso. Se puede decir claramente que está caminando perfectamente normal. Después de 10 segundos de silencio. Aquí viene, el resto de los jugadores estallan.

De qué demonios se trata todo eso, me sentí mal por ella, y ella simplemente sale de aquí normal, como si nada estuviera mal? Estoy dispuesto a apostar que está chupando el sistema con sus cosas falsas. No es de extrañar por qué nuestros impuestos son tan altos, etc. etc. etc. Entendiste el punto.

Ahora, como dije antes, no creo que nadie tenga problemas para ayudar a alguien que lo necesita. Pero claramente, tenemos mucha gente que se está aprovechando del resto de nosotros. Estamos permitiendo que esto suceda.

Si lees los últimos capítulos, puedes ver cómo todo esto se une. Bueno, el seguro social, Medicaid y Medicare no son diferentes. A medida que estas cuentas se queden sin dinero, la edad de jubilación va a aumentar. Esto tendrá que suceder para seguir trayendo dinero al sistema. Eventualmente, la edad de jubilación será tan alta, que las personas trabajarán hasta que mueran.

Ahora que estoy a punto de terminar de hablar sobre el dinero, creo que tienes una visión de cómo se ve el futuro.

Pero como he hecho a lo largo de este libro, es unir las cosas. Si recuerdan, utilicé el Covid-19 como referencia cuando hablaba de impuestos más altos.

Recuerda que dije que puede ser un mal ejemplo para usar, pero ahora vas a descubrir por qué lo usé. Todos los temas de los que hablé hasta este punto, ya han estado en juego durante muchos años. Ya han tenido una agenda o un plan para hacer que todo esto suceda. Mucho antes de que llegara el Covid-19.

Con cualquier plan o agenda, necesitas una excusa. El Covid-19 va a ser su excusa. Lo siguiente que van a escuchar es que necesitamos aumentar los impuestos. Covid-19. Necesitamos recortar beneficios, Covid-19 etc. etc. Entendiste el punto.

Ahora no me malinterpreten, no nos ayudó, pero como dije antes, ya teníamos un gran déficit antes de que apareciera el covid-19 y ya había un plan en marcha.

Ahora siempre trato de respaldar mi punto con algo de información. Hubo cierta persona que hizo la declaración de que covid-19 era un regalo del cielo. Esta declaración se hizo casi inmediatamente después de la llegada del Covid-19 a Estados Unidos. El problema es que no fue el único que creyó en esto. Se aferraron a él y han estado usando el covid-19 como excusa para todo. Seguirán utilizándolo en el futuro para su agenda.

Por lo que puedo ver, Estados Unidos se está recuperando. La tasa de desempleo nacional es del 6,2% a febrero de 2021. Esto me dice que la economía se ha recuperado, la gente está volviendo a trabajar. El desempleo más alto durante covid-19 fue en Michigan fue del 23.6%. Allí la tasa de paro se sitúa en el 5,2%. Parece que América vuelve al trabajo. Por lo tanto, no hay razón para seguir usando covid-19 como excusa, pero lo harán.

Pero no importa cuán bien nos recuperemos, y la economía vuelve a la normalidad. Solo recuerda que vas a escuchar que el covid-19 se usará mucho en el futuro. Se utilizará para impuestos más altos, beneficios más bajos, cualquier agenda para la que lo necesiten.

Recuerda una cosa, para ejecutar un plan, necesitas una excusa. Van a usar el Covid-19 para ello. No seas comprensivo con ellos, eso es lo que quieren. Es jugar con tus emociones, para que puedan hacer lo que quieran.

Permítanme demostrar un punto. La mayor parte de Estados Unidos está ignorando lo que el Gobierno les está diciendo sobre el Covid-19. Ha pasado más de un año y la mayoría de nosotros hemos vuelto a nuestras vidas normales porque la ciencia dice que podemos.

Sin embargo, el Gobierno sigue tratando de infundir miedo en la población. Exigiendo que los negocios permanezcan cerrados, que las escuelas no abran. Los niños que tienen un 1 por ciento de probabilidades de contraer Covid-19 aún deben usar máscaras, lo que crea otros problemas de salud.

En el momento en que escribo esto, más de la mitad de la población ha sido vacunada. Sin embargo, todavía están impulsando su agenda. Eso se debe a que tienen un plan a largo plazo, e implica usar Covid-19 en el enésimo grado. Afortunadamente, algunas personas no lo están comprando.

Colapso de la economía estadounidense

Sin empleos y pobreza

Sé que discutimos los impuestos en los capítulos anteriores. Hice la pregunta. Si aumentas los impuestos a todos los que ganan más de 400 mil al año y a las empresas, te afecta? La respuesta es, sí, lo hace.

Cuando aumenta los impuestos a cualquier persona en los Estados Unidos. Crea un efecto de goteo. Cuando aumenta los impuestos a las personas o empresas que ganan más de $ 400,000 al año. Recuperar el dinero extra que están pagando en impuestos. Aumentarán los precios de sus productos o despedirán a la gente? De cualquier manera, se filtra.

Cuando aumentas los impuestos a las grandes empresas, están despidiendo o te pasan ese gasto. Entonces, a largo plazo, estás pagando más por todo lo que compras. Lo van a obtener de ti, aumentando sus precios.

Sin mencionar que algunas empresas se mudarán fuera del país. Porque pueden obtener una mejor exención de impuestos. Lo que provocará más desempleo. También afectará los salarios, se le pagará menos, para que puedan recuperar el costo.

Ahora que nos damos cuenta de que hay un efecto de goteo en lo que suceda con la economía. A medida que se aumenten los impuestos para todos, las empresas decidirán mudarse del país para disminuir su carga fiscal y sus gastos.

Esto significa menos empleos para el pueblo estadounidense. La tasa de desempleo aumentará porque habrá menos empleos. A medida que más personas sean despedidas, nuestra economía seguramente tendrá problemas.

Las empresas pueden permitirse mudarse fuera del país, y lo harán, lo han hecho antes debido a las obligaciones fiscales. El problema es que no puedes moverte, así que estás atrapado aquí para lidiar con las consecuencias.

La tasa de pobreza en los Estados Unidos ha ido en aumento en los últimos años. Más personas confían en la ayuda para todos los artículos, especialmente los alimentos. Estados Unidos ha visto una afluencia de personas en los últimos años, visitando estantes de alimentos y buscando ayuda.

A medida que la tasa de desempleo aumenta porque las empresas han abandonado los Estados Unidos. La cantidad de personas que viven en la pobreza aumentará. Esto enviará a la economía a una espiral descendente y tendrá efectos drásticos.

Cuantas más personas estén en desempleo, significa que todos deben pagar por ellos. Qué significa que se deben recaudar más impuestos? Como puede ver, las cosas se agravan lentamente y empeoran con el tiempo.

Debido a que los impuestos deben aumentarse, esto pondrá una carga sobre el resto de las empresas que todavía están en Estados Unidos. Tendrán que subir sus precios para recuperar su pérdida.

El problema con esto es que, dado que todos pagan impuestos más altos y no tienes mucho o ningún dinero para gastar, no puedes comprar sus productos. El problema se agrava ahora para las empresas. Altos gastos y sin dinero proveniente de las ventas.

Adivina qué, deben reducir costos. Esto significa despedir a la gente o cerrar. Así es, lo dije, muchas empresas no sobrevivirán a la carga que se les impondrá y tendrán que cerrar.

Recuerda este hecho. Usar impuestos para crear empleos, no funciona. Cuando pides dinero prestado para crear empleos, eventualmente el dinero se agota. Entonces debe pedir prestado más dinero, el déficit aumenta, se necesitan recaudar más impuestos para pagar esa deuda.

No me importa si es el nuevo acuerdo verde que te están vendiendo o cómo están prometiendo nuevos empleos. Si pides dinero prestado, el dinero eventualmente se agotará y tendrás que pedir prestado más. Esto aumenta nuestra deuda y los impuestos tendrán que ser aumentados para pagarla.

No se puede usar el dinero de los impuestos para crear empleos. Tiene malas consecuencias en todo momento. Cuando el dinero se agota y ya no puedes pedir prestado. La gente será despedida.

A estas alturas, entiendes el punto. Habrá un alto desempleo y muchas más personas viviendo en la pobreza. Esto tendrá un efecto perjudicial en la sociedad. No será un lugar agradable para vivir para todos.

La única manera de evitar que esto suceda en el futuro, es que todos dejen de aumentar el déficit tan alto. Si no cambiamos nuestros hábitos y controlamos nuestros gastos, los Estados Unidos del futuro no serán un lugar agradable para vivir.

Hablemos de que te vendan una lista de bienes. El green new deal es uno de estos en los que no se le dice la verdad. Quién crees que se va a beneficiar del green new deal? Crees que es la gente de Estados Unidos?

Están prometiendo empleos bien remunerados a los estadounidenses. Pero esos trabajos tienen un costo. Porque quieren pedirte prestado el dinero para que esto suceda. Cualquier persona con algún sentido comercial sabe que no se puede pedir dinero prestado para crear empleos. Eventualmente debe ser devuelto.

Cree que los Gobiernos lo van a devolver? No, usted es a través de los impuestos. Cuando el dinero se agote, pedirán prestado más, eso significa impuestos más altos para usted.

Además de eso, cuando el dinero se agota y los contribuyentes se cansan de voltear la factura. Habrá mucha gente despedida. Saluda el desempleo.

Hice la pregunta de quién se va a beneficiar del nuevo acuerdo verde. Los políticos que poseen parte de las empresas que van a ser subvencionadas para hacer este trabajo. Los políticos que están recibiendo sobornos de las empresas que hacen el trabajo. Las empresas que están haciendo el trabajo.

Piénsalo de esta manera. No hacen nada a menos que les beneficie. Cómo crees que algunos políticos se enriquecen tanto? Usan sus dólares de impuestos para subsidiar su agenda.

Veámoslo desde una perspectiva diferente. Si el nuevo acuerdo verde es tan lucrativo y hay dinero que ganar, entonces por qué las empresas no se presentan para asumir el desafío? Por qué deberían hacerlo cuando pueden ser subsidiados y usar a los contribuyentes y no tienen ningún riesgo?

Hablando de ser subsidiados, saben que enviamos dinero a otros países para el nuevo acuerdo verde? Que estamos pagando a otros países por el acuerdo climático de París, para que se vuelvan ecológicos y no lo están haciendo. Pero están más que felices de tomar nuestro dinero.

El punto detrás de esto es que te están vendiendo una lista de bienes. Mucha gente se va a hacer rica con el pueblo estadounidense. Lo pagará con impuestos más altos y cuando ya no puedan usar su dinero. Serás despedido. El nuevo acuerdo verde será un costo para todos los contribuyentes.

Derecho de voto

Una de las formas en que los estadounidenses han podido controlar cómo se dirige nuestro país es votando. A la gente le encanta votar porque les da la oportunidad de expresar su opinión. Nos hace sentir bien que estemos involucrados en decidir quién dirigirá nuestro país.

El problema es que hay personas y organizaciones que quieren cambiar la forma en que votamos. No solo están tratando de cambiar las leyes de votación. Están tratando de cambiar quién puede votar.

En las elecciones presidenciales de 2020, hubo muchos cambios en las reglas que seguramente afectaron el resultado de la votación. Las boletas por correo permitieron que más personas votaran. Uno de los problemas con esto es cómo saber quién está enviando la boleta sin forma de verificarla. Se ha dicho que esta acción condujo a algunas trampas. No estoy aquí para decir que sucedió o no sucedió, pero deja la posibilidad abierta.

También hubo mucha represión. Las personas no obtuvieron la información correcta necesaria para ayudarlos a informar una buena decisión. Esto seguramente afectó el resultado de la votación.

Algunas personas y organizaciones quieren eliminar la verificación de votantes. Hasta donde puedo recordar, siempre teníamos que mostrar alguna prueba de verificación al votar. Esto permitió a los ciudadanos legales de los Estados Unidos la oportunidad de votar.

Por lo que puedo decir, necesitas una identificación para casi cualquier cosa que hagas. Entonces, por qué votar debería ser diferente? He aquí por qué, los extranjeros ilegales pueden no tener identificaciones. Quieren que todos voten porque sienten que les beneficia.

Ahora quieren eliminar el registro de votantes y la verificación de votantes. Lo que esto significa es que cualquiera que se pare en suelo estadounidense puede votar. No creo que sea justo para el resto de nosotros, que alguien que no tiene residencia aquí pueda votar. No deberían poder decidir cómo se dirige nuestro país y quién lo dirigirá, cuando no tienen un interés personal en él.

Dar a todos la ciudadanía solo para que puedan votar tampoco es una buena opción. Pensaría que querríamos que la gente entrara a nuestro país, que creyera en lo que nuestro país representa, que apoyara nuestras creencias y nuestra constitución. No parece que a ciertas personas les importe eso. Todo está bien si pueden obtener un voto.

Lo que esto hace es, quitarle su voto, lo suprime. Entonces, su voto ya no cuenta. Porque usted ha sido votado por personas que no tienen un interés personal o no son ciudadanos de los Estados Unidos.

Renunciar a su derecho al voto es una de las últimas cosas, creo, que querría hacer. Personalmente pensé que era importante para la mayoría de la gente mantener eso correcto.

El futuro de la votación electoral federal se verá así. Su voto ya no contará. Sin identificación o verificación de votantes, las personas serán transportadas en autobús a este país para votar. Vendrán de todas las direcciones, y sucederá.

Se amontonarán a través de las fronteras para

asegurarse de que quien sea elegido los beneficie. La gente volará y votará, luego regresará a casa. Confía en mí de algunas personas y organizaciones que lo van a apoyar. Solo para que consigan a la persona que quieren en el cargo.

Ahora bien, esa declaración allí mismo debería darle cierta preocupación sobre la protección de la integridad de las leyes de votación en los Estados Unidos. Pero pasemos al siguiente punto.

Las elecciones estatales ya no serán justas. Porque si no tiene que probar la residencia estatal o la verificación de votantes, la gente se amontonará a través de la línea estatal y votará en su elección. Así es, tendrás personas de otros estados decidiendo quiénes son tus funcionarios electos. Imagínese si la mitad de California se presentara en sus elecciones estatales.

Así es como se ve su futuro para votar si no nos ponemos de pie y protegemos el registro y la verificación de votantes. Una vez que esto desaparezca, tendremos otros países decidiendo quiénes son nuestros funcionarios electos federales.

Sin mencionar que tendrá personas que no son residentes o ciudadanos de los Estados Unidos que eligen quiénes son sus próximos funcionarios electos. Quieren eliminar sus derechos para que los extranjeros ilegales puedan elegir a sus próximos funcionarios electos.

Por supuesto, después de que permitamos que esto suceda, su próximo paso será eliminar el voto por completo. Luego, la élite y la jerarquía elegirán quién dirigirá el país. Confía en mí, elegirán a alguien que los beneficie a ellos y no a las personas.

Si no crees que así es como ellos lo quieren, estás tristemente equivocado. A la élite y la jerarquía en este país realmente no les importa lo que quieres. Quieren dirigir el país como mejor les parezca.

Mientras escribo esto, las principales compañías en los Estados Unidos están teniendo una reunión sobre cómo quieren que se establezcan los derechos de voto. Quieres saber quién está a cargo de tu país, no es la gente.

Recuerda esta única cosa de este libro si puedes, los políticos son comprados y pagados. Ahora ya sabes quién los posee.

No estoy seguro de cuándo los estadounidenses se volvieron blandos. Parece que ya nadie se preocupa por proteger a nuestro país. Simplemente permitimos que todos caminen sobre nosotros, mientras nuestros derechos y patrimonio están desapareciendo, y nuestro país se está desmoronando en todos los aspectos.

Tengo una gran idea y estoy bromeando cuando digo esto. Voy a votar como 30 o más veces. Si no tengo que demostrar quién soy o de dónde soy. Simplemente correré de un lugar a otro y votaré tantas veces como pueda. Eso debería hacer que las elecciones sean justas, heno.

Mejor aún, espere hasta que traigan en autobús a diez mil personas a su área, y voten tantas veces como puedan. Entendiste el punto.

Si no nos levantamos y protegemos nuestros derechos de voto y ponemos fin a estas agendas personales y tonterías, ya no tendrá voz.

Cambio climático

Si crees en el cambio climático o el calentamiento global, bueno para ti. Para aquellos de ustedes que no creen en él, trataré de dar una perspectiva simple de por qué es real.

La tierra tiene un verdadero propósito fresco. Los árboles y las plantas están diseñados para absorber cosas malas como el dióxido de carbono, a través de un proceso llamado fotosíntesis. Para hacer esto, sus hojas atraen dióxido de carbono y agua a través de pequeños poros. Durante ese proceso, el árbol libera 02, que es oxígeno, de las hojas.

Entonces, para hacer esa última afirmación simple, los árboles y las plantas toman cosas malas de la atmósfera y las convierten en oxígeno, son básicamente un filtro para nuestra atmósfera, la limpian y liberan oxígeno que necesitamos para respirar y sobrevivir.

Quién crees que es responsable de todas las emisiones que se liberan en nuestra atmósfera? Esto será interesante, no puedo esperar hasta que alguien vuele del mango aquí y comience a gritarme. Adivina quién es el responsable, así es, todos nosotros. Ahora sé que algunas personas dicen que estoy equivocado, no es mi culpa, bueno lo es.

A algunas personas les gusta culpar a las grandes empresas por toda la contaminación, como las centrales eléctricas y las refinerías. El problema con esto es que estas compañías han sido sometidas a estrictos controles de contaminación y emiten poca contaminación en comparación con otras cosas.

Sabías que todos los coches que circulan por ahí

producen muchas más emisiones que las empresas? Piensa en eso la próxima vez que conduzcas. Sabías que las cortadoras de césped emiten muchas emisiones? El calentador de su casa, etc. Entendiste el punto. Verás, estás contribuyendo al problema.

Ahora cuántas personas les gusta vivir en casas. Levanta la mano. Bueno, ahora que sabemos que los árboles están destinados a limpiar la atmósfera y suministrar oxígeno. Por cada árbol que cortamos estamos quitando la forma de la madre naturaleza de limpiar la atmósfera. Mira tu casa y pregúntate cuántos árboles se necesitaban para construirla. Es posible que desee pensar en plantar algunos árboles.

Para resumir, arriba. A medida que la población crece, se conducen más automóviles, contaminamos más. A medida que construimos más casas o usamos madera para otros fines, los árboles se quitan y reducimos la forma en que la madre naturaleza suministra oxígeno. Ahora no me malinterpreten, hay más causas, pero esta es solo una forma simple de verlo.

Cómo crea eso el calentamiento global o el cambio climático? Hay un punto de inflexión. Cuando emitimos más contaminación de la que el medio ambiente puede limpiar, la atmósfera se llena de gases y crea un efecto invernadero. A medida que el sol brilla a través de la atmósfera, calienta estos gases. Esto crea un calentamiento de nuestra atmósfera. El calentamiento de la atmósfera afecta todo, incluido el clima.

Para resumir todo esto. No podemos seguir destruyendo el planeta y no pensar que hay consecuencias que pagar. El peor enemigo para este planeta son los humanos. No podemos seguir hackeando los recursos del planeta y esperar que no pase nada. Hay un punto de inflexión.

El nivel normal de oxígeno es de alrededor del 21%. Cuánto crees que tiene que bajar el nivel de oxígeno antes de que te afecte? Crees que el nivel de oxígeno es el mismo en todas partes de la tierra? La respuesta es no. Intenta escalar el Monte Everest hasta lo que llaman la zona de la muerte. Este es un punto en la elevación donde el oxígeno es lo suficientemente bajo como para matar a una persona. Los escaladores de montaña deben llevar oxígeno con ellos para llegar a la cima o morirán.

Volvamos a responder a la primera pregunta. El nivel de oxígeno solo necesita bajar un par por ciento y comenzará a tener un efecto diverso en usted. La muerte eventualmente ocurrirá a medida que su cuerpo se apague.

La próxima vez que salga de su casa y tome un soplo de ese aire fresco, vea cuántos árboles hay alrededor, si no ve ninguno, plante algunos. Eventualmente, no habrá suficientes árboles para superar la contaminación y no tendrá aire para respirar.

Cómo salimos de esto? Dejamos de contaminar, para que la madre naturaleza pueda ponerse al día. Esto significa que ya no puedes conducir, es broma. La EPA ya ha trabajado con empresas para reducir las emisiones. Han bajado significativamente.

La otra opción es ir a la energía verde, solar, eólica y hídrica. Esto ya está en proceso, pero no lo resuelve todo. Uno de los problemas que tienes con ser ecológico es que todos los países deben hacerlo. Si todos los países no lo hacen, no cambia nada.

Como dije en el último capítulo, estamos subsidiando a otros países para que se vuelvan ecológicos, y no lo están haciendo. Si todos no se suben a bordo, no servirá de nada.

Si no hacemos algo, eventualmente el planeta se protegerá a sí mismo. Cuando lo haga, acabará con la población y comenzará de nuevo. Lo ha hecho antes; lo volverá a hacer. Oh, no te preocupes, algunas personas sobrevivirán, en algún área remota donde hay suficiente oxígeno. Pero la mayoría de nosotros moriremos por no tener suficiente oxígeno para respirar.

La conclusión es que debemos dejar de derribar los árboles que eliminan el dióxido de carbono, para que puedan continuar eliminando más gases de efecto invernadero de nuestra atmósfera. Necesitamos reducir nuestras emisiones y plantar más árboles. Es la única forma de salir de esto.

Preste atención a la madre naturaleza, el clima se está volviendo más violento. Los tornados están ocurriendo a principios de año. Las tormentas eléctricas son cada vez más violentas, arrojando lluvias torrenciales. Las tormentas de nieve están afectando áreas que normalmente no afectan. Los huracanes son más fuertes y violentos. Todo debido al calentamiento global.

Si no crees que esto te afectará, porque estarás revisando antes de que suceda, piensa en a quién estás dejando atrás.

Inmigración

Ahora me doy cuenta de que la mayoría de nosotros no tenemos un problema con los inmigrantes que vienen a Estados Unidos. Creo que todos estamos de acuerdo en que si se hace bien, no tenemos ningún problema con eso. Creo que a la mayoría de los estadounidenses no les importa la diversidad.

Hay ventajas y desventajas de los inmigrantes que ingresan a nuestro país. Una de las ventajas es que conocemos a personas con diferentes orígenes, experiencias y culturas. Personalmente he trabajado con personas de todos los países y he disfrutado conociéndolos.

Una de las personas que he tenido la suerte de conocer en los últimos 30 años, vino de Suecia. Vino a Estados Unidos para ir a la universidad, solicitó su ciudadanía y la obtuvo. Empezamos a trabajar juntos hace 30 años y él me enseñó mucho. Su licenciatura es en ingeniería química.

Nuestro trabajo requiere que sepamos algo de química. Personalmente, no tenía ni idea de la química. Tomó bajo su ala y me enseñó lo que necesitaba saber. Sin él, no habría tenido éxito de la manera en que lo hice. Lo que estoy tratando de decir es que hay algunas personas geniales por ahí. He tenido el placer de conocer a mucha gente de diferentes países y lo he disfrutado. Mi experiencia personal es genial, pero sé que no es así para todos.

Hay muchas ventajas en la inmigración, también hay algunas desventajas. Como dije antes, no creo que nadie tenga un problema si se hace de la manera correcta. Cuando se hace de la manera correcta, podemos controlar nuestra población y presupuesto. Por lo tanto, nuestra economía no se arruina por eso. Aquí viene esa parte en la que voy a ser honesto, oh chico.

Cuando la gente se cuela en los Estados Unidos, pone una gran carga en nuestra economía. Ahora debemos encontrar una manera de alimentar, vestir y albergar a estos individuos. Esto pone a todos en un lugar donde necesitan pagar más en impuestos. Aumenta nuestra población y hay desventajas en eso. Esto no me molesta tanto como los siguientes puntos.

Cuando vienes a nuestro país, obviamente lo hiciste porque no te gustaba tu país. Pero vienes ilegalmente y luego tratas de decirnos que no podemos orar al Dios en el que creemos. Que nuestra religión necesita terminar porque no coincide con su religión o creencias. Nuestras iglesias necesitan ser cerradas. Eso no está bien.

Creo que ambos todavía podemos orar a nuestros dioses y llevarnos bien. Ambos podemos tener diferentes religiones y creencias y aún así llevarnos bien. Lo importante es que no importa qué dios ores también si tienes fe. Pero cuando tratas de imponernos creencias y nos dices que necesitamos terminar con nuestra religión, porque no estás de acuerdo con ella, eso no está bien.

La bandera y la constitución estadounidenses. Muchas personas en los Estados Unidos han dado su sangre, sudor y lágrimas para defender la bandera y la constitución estadounidenses. Estas personas son de todos los credos, razas y religiones. Se han mantenido unidos durante muchos años para proteger nuestra libertad. Sin mencionar que nuestros miembros militares de todos los ámbitos de la vida. Han estado uno al lado del otro, han luchado uno al lado del otro y han muerto para defender nuestra libertad.

Cuando vienes aquí y quitas nuestra bandera estadounidense y la quemas, simplemente irritas a mucha gente. No estoy seguro de qué te da derecho a venir aquí y deshonrar a nuestro país. Viniste porque querías libertad. El pueblo estadounidense luchó para darle esa oportunidad y luego nos deshonra quemando nuestra bandera.

Quieres tratar de decirnos que debemos vivir de la manera en que tú viviste. Obviamente, eso no fue bueno para ti, porque dejaste tu país Vienes aquí y tratas de destruir nuestro país, nuestra constitución. Si no somos lo suficientemente buenos para ti, regresa a casa.

No estoy seguro de qué le da derecho a venir a nuestro país y decirnos que necesitamos cambiar. Que tenemos que olvidarnos de nuestro patrimonio, de nuestros antepasados y de lo que representa nuestro país. Usted no tiene derecho a imponer las opiniones de sus países sobre nuestro país. Tu país no estaba trabajando para ti y te fuiste. Por qué querríamos que nuestro país funcionara así?

Quiero que todos sepan que no todos los inmigrantes tienen la culpa de estas acciones. Hay muchas personas excelentes de otros países que viven en Estados Unidos y son excelentes ciudadanos. El problema que tenemos es como siempre, hay un cierto grupo por ahí que está causando problemas. Necesitan ser detenidos, para que el resto de nosotros podamos vivir en paz. Reúnalos y envíelos a empacar si no quieren aceptar nuestra forma de vida.

Entonces, para todos los grandes inmigrantes y el pueblo estadounidense, nuestra bondad está siendo aprovechada. Necesitamos expresar nuestras opiniones a nuestros líderes y hacer que ellos tengan el control de esto, para que podamos vivir vidas felices.

Una última nota. Este libro se publicó en 2021 y la afluencia de personas que se están amontonando a través de nuestra frontera debe detenerse. Necesitamos hacerles saber que no estamos de acuerdo con esto, solo porque tienen una agenda personal, no lo hace correcto. Somos nosotros los que debemos pagar la cuenta.

Veamos algunos efectos nocivos de permitir que los inmigrantes ilegales entren sin control en Estados Unidos. Ya discutimos el hecho de que vienen y tratan de cambiar nuestra forma de vida. Algunos de ellos deshonran a nuestro país, lo que representa y tratan de imponernos sus ideales.

Los inmigrantes ilegales ejercen una enorme presión sobre nuestra economía. Debemos pagar para alimentar, vestir y alojar a estos individuos. Sin mencionar que debemos pagar por su educación. Una razón más por la que debemos pagar más en impuestos.

También toman nuestros trabajos. Muchos de ellos trabajan por mucho menos, lo que reduce los salarios para todos. Esto afecta la forma en que todos vivimos cuando ganamos menos dinero.

Por último, no sabemos quiénes son, algunos de estos inmigrantes ilegales podrían ser criminales, traficantes de drogas o terroristas. Esto es malo para todos nosotros. Nuestros vecindarios serán menos seguros. La sociedad es menos segura; tienes la idea, hay algunas cosas realmente malas que suceden al no controlar nuestras fronteras.

Superpoblación

Me doy cuenta de que la mayoría de la gente no piensa que Estados Unidos se superpoblará. Pero todos los países se enfrentan a la superpoblación en algún momento. Estados Unidos está incluido en esto y lo enfrentará en el futuro.

Hay muchas cosas que conducen a la superpoblación. Una es que las personas viven más tiempo. Dado que las personas viven más tiempo y los niños aún nacen, esto aumenta la población total. La otra es la inmigración, otras personas que vienen a nuestro país.

La inmigración está bien si la controlas. Cada año muchas personas entran a nuestro país sin control, nadie sabe realmente cuántas. En 2021 tuvimos una gran cantidad de personas que ingresaron a nuestro país. Esto conduce a una mayor población y ejerce presión sobre nuestros recursos.

Me doy cuenta de que cuando miras a Estados Unidos, todavía tenemos muchas vastas tierras abiertas, y piensas que Estados Unidos nunca podría estar superpoblado.

La superpoblación no significa necesariamente que tengas una persona parada en cada pie cuadrado del país. La superpoblación ocurre cuando hay demasiadas personas y no hay suficiente comida para alimentarlos o recursos para cuidarlos.

No importa cuánta tierra abierta tengas. Si no puedes criar suficiente ganado o cultivar suficientes cultivos para alimentar a la cantidad de personas que tienes. Significa que el país está superpoblado.

Todos los países enfrentan un riesgo de

superpoblación, Estados Unidos no es diferente.

Hambre, escasez de alimentos

Me doy cuenta de que los estadounidenses están acostumbrados a la tierra de la abundancia. Lo más probable es que seamos los peores cuando se trata de alimentos, desperdiciamos mucho. Estados Unidos normalmente tiene una gran cantidad de alimentos y nos hemos acostumbrado a eso. En el futuro, nos enfrentaremos a una escasez de alimentos.

Todos los países se enfrentan a una escasez de alimentos en algún momento. La razón principal es la superpoblación. Como dije en el último capítulo, la superpoblación no significa que tengas una persona parada en cada pie cuadrado del país. La superpoblación ocurre cuando hay demasiadas personas y no hay suficiente comida para alimentarlos o recursos para cuidarlos.

No importa cuánta tierra abierta tengas. Si no puedes criar suficiente ganado o cultivar suficientes cultivos para alimentar a la cantidad de personas que tienes. Significa que el país está superpoblado y se enfrenta a una escasez de alimentos.

Permítanme darles un ejemplo de lo que estamos viendo en Estados Unidos. A medida que la población crece, cada vez que construyes una casa o tomas tierras de cultivo por otras razones, reduces la cantidad de tierra que tienes, para cultivar alimentos. Como dije en algunos de los otros capítulos, hay un efecto de goteo.

A medida que ocupamos más tierra, no solo no hay suficiente comida para alimentarnos, sino que no hay suficiente para alimentar al ganado. Los estadounidenses están acostumbrados a comer ambos. Cuando no puedes alimentar al ganado, no puedes criar ganado nuevo y no puedes mantener vivo el ganado que tienes.

Permítanme hacerles una pregunta. Cuánta carne de res consumen los estadounidenses cada año? En 2019, Estados Unidos consumió 27.300 millones de libras de carne de res. Eso es solo carne de res, no incluye todos los demás productos cárnicos y pescado. No sé cuántas vacas se necesitan para obtener 27.3 mil millones de libras de carne de res, apuesto a que es mucho.

Mi punto es que a medida que la población crece y tomas tierra, eventualmente llegas a un punto de inflexión. Tienes demasiada gente y no hay suficiente comida para alimentarnos a nosotros o al ganado. Sin mencionar que a medida que la población crece, necesita más alimentos y ganado. Los agricultores ya están teniendo problemas en el mundo de hoy con la cría de suficiente ganado para alimentar a todos.

Te gusta comer las criaturas que vienen de los océanos y mares? Se ha informado que ya estamos agotando la cantidad de mariscos disponibles. Entonces, el problema ya ha comenzado.

Todos los países se enfrentan a esto en algún momento. Echemos un vistazo a algunos otros países y créanme que muchos de nosotros no podíamos soportar lo que comen. Algunos países están tan superpoblados que tienen una escasez de alimentos.

Si alguna vez tienes curiosidad por lo que se come, haz una búsqueda. Te daré una pista. Si se desliza, se arrastra, camina, vuela o respira, se lo comen. Entonces, la próxima vez que vea un gusano o insecto en su patio, piense en eso. Algunos países piensan que es un manjar. Lo cocinan y se lo comen.

Esto es lo que sucede cuando hay una escasez de alimentos. Lo primero es que los estantes de las tiendas estarán vacíos. Cualquiera que haya presenciado lo que sucedió durante covid-19 puede dar fe de esto. Los estantes de las tiendas estaban vacíos en cuestión de días. Los estantes de las tiendas no se reabastecen muy rápidamente porque los proveedores solo pueden manejar tanta demanda o no les queda ninguna.

A medida que las personas pasan hambre, encontrarán formas alternativas de encontrar comida. Si vives en el campo, sobrevivirás por un tiempo. Siempre puedes disparar a algunas ardillas o lo que sea. Pero si vives en la ciudad, estás en problemas.

Cuando las personas necesitan comida, se desesperan y derribarán su puerta para obtenerla. Así es, cuando las personas tienen hambre, recurrirán al robo y al robo para comer. Harán lo que sea necesario, para alimentarse a sí mismos, a su familia y para sobrevivir.

Ahora algunas personas están pensando que estoy loco en este momento. Entonces, les daré un ejemplo. Cuando el Covid-19 golpeó los Estados Unidos y las tiendas se estaban vaciando, tomó alrededor de una semana y la gente estaba siendo robada. La gente estaba siendo retenida justo en el estacionamiento de la tienda de comestibles. Salían de la tienda con sus comestibles y les robaban.

Como puede ver, las personas se desesperan cuando necesitan comida. Eventualmente, esa desesperación terminará convirtiéndose en un caos total. Todos harán lo que tengan que hacer, conseguir comida y sobrevivir. Incluso si eso incluye medidas drásticas.

Como dije antes, todos los países se enfrentan a la escasez de alimentos. Estados Unidos también lo enfrentará en el futuro. Con nuestra población creciendo y muchos inmigrantes que se están acumulando a través de la frontera, puede suceder más temprano que tarde.

Ahora podrías estar sentado allí pensando que esto no me afectará. Estaré fuera del planeta antes de que eso suceda. Si te preocupas por la gente, estás dejando atrás, entonces es hora de dar un paso al frente y no me refiero al plato de la cena.

Una última cosa a mencionar aquí es, sabes cuántas tierras agrícolas posee China en los Estados Unidos? Las empresas chinas han expandido su presencia en la agricultura estadounidense en la última década mediante la adquisición de tierras de cultivo y la compra de importantes agronegocios, como el gigante de procesamiento de carne de cerdo Smithfield Food.

Qué gran manera de matar de hambre a un país cuando estás listo para apoderarte de él. Piensa en eso por un momento.

Pandemias, enfermedades y virus

Si fue testigo de COVID-19 y cree que Estados Unidos ha terminado de ver pandemias, enfermedades o virus en el futuro, lamentablemente está equivocado. Nuestro país ha visto muchos de estos brotes a lo largo de su historia y volverá a suceder.

Cuanto más superpoblado esté nuestro país, es probable que veamos más de estos brotes. Todas las especies de este planeta tienen enfermedades y son susceptibles de contraer otras nuevas.

Un riesgo que tenemos es cuando la gente viene de otros países. Pueden tener enfermedades o virus que nosotros no tenemos. Nuestros miembros militares deben vacunarse antes de ir a otro país. Pero la gente que viene a nuestro país no lo hace. Esto permite que los virus se propaguen.

Ya sea que creas en vacunarte o no, creo que es una elección personal. Hay algunos riesgos involucrados, por otro lado lo entiendo.

Creo que las vacunas que se han utilizado durante mucho tiempo probablemente estén bien. Hay muchos datos para respaldarlos. Tengo preguntas y dudas sobre las nuevas vacunas, especialmente si se lanzan al mercado.

Personalmente, no soy un popper de píldoras. Cuántas veces descubres años después que una píldora que se usó para tratar a alguien tiene efectos secundarios negativos? Por ejemplo, causa cáncer, enfermedad renal, enfermedad hepática o algo más. Entendiste el punto.

Diablos, manténgase despierto hasta altas horas de la

noche y escuche los anuncios de drogas. Escuche todos los efectos secundarios de algunos medicamentos. Algunas píldoras tienen más efectos secundarios que el problema.

Cuando se trata de nuevas vacunas, puedo ver por qué algunas personas pueden tener preocupaciones. Incluso con covid-19, una de las vacunas se ha suspendido debido a problemas. No sabemos cuáles son los efectos a largo plazo de estas vacunas.

Por otro lado, las vacunas han hecho grandes maravillas para mantener a Estados Unidos saludable. Por lo tanto, creo que a largo plazo las vacunas son buenas y deben tomarse. Una vez comprobado su eficacia y sabiendo cuáles son los efectos secundarios.

He aquí por qué. Las enfermedades y los virus que hemos pasado muchos años tratando de eliminar a través de las vacunas volverán y afectarán a las generaciones futuras. Todos los que deciden no vacunarse, ponen en riesgo a todos los demás.

La gente siempre tiene enfermedades y virus, hay varios virus que están entre nosotros todo el tiempo. Una de las más comunes es la gripe y la neumonía, la gripe. Ha estado con nosotros durante mucho tiempo.

Los virus son difíciles de eliminar porque se adaptan y posponen nuevas cepas. Es una de las razones por las que no podemos eliminar el virus de la gripe, está en constante cambio y adaptación. Los virus también pueden adaptarse a la vacuna con el tiempo y volverse más fuertes.

El Covid-19 ya se ha ramificado en diferentes cepas. Lo más probable es que el Covid-19 resulte como el virus de la gripe. Nos ocuparemos en el futuro. Sin embargo, todavía hay mucho debate sobre cómo se originó el Covid-19, no importa porque puede estar aquí para quedarse.

Tuvimos suerte con el virus Covid-19. Detente y respira hondo, a estas alturas ya deberías saberlo, voy a hacer un punto. No quiero restar importancia a lo que pasó; fue malo para mucha gente. Lo que quiero decir es que tuvimos suerte de que no fuera uno de esos virus que si lo atrapas mueres. Tuvimos la suerte de que la mayoría de la gente pudo luchar contra el virus y vivir.

Permítanme darles un ejemplo. La gripe española fue mucho peor, mató a más de 50 millones de personas en un año, así es, dije que más de 50 millones de personas. El Covid-19 parece un bebé en comparación con la gripe española. Si el Covid-19 hubiera sido algo parecido a la gripe española, la tasa de mortalidad habría sido mucho mayor. Así que tuvimos suerte.

Me doy cuenta de que la mayoría de la gente tiene esta actitud, bueno, si aparece un virus, no hay nada de qué preocuparse. Nuestros científicos crearán una vacuna, y todo está bien. Bueno, esa no es la forma en que funciona.

El virus golpea primero y luego se hace una vacuna, así es como funciona. Las vacunas tardaron poco más de un año en salir para el Covid-19. Te imaginas si el Covid-19 fuera tan mortal como la gripe española, qué tipo de estragos habría cosechado sobre nosotros?

Debe tener en cuenta que puede golpear un virus para el que no podemos encontrar una cura o vacuna. Tenemos enfermedades y virus en nuestro mundo de hoy, para los que no tenemos curas.

Entonces, en la misma cantidad de tiempo, un poco

más de un año. Ese es el tiempo que nos llevó llegar a una vacuna contra el Covid-19. La gripe española mató a más de 50 millones de personas, en ese mismo período de tiempo. Tuvimos la suerte de que el Covid-19 no fuera tan mortal como la gripe española.

Como puede ver, hemos experimentado pandemias antes y enfrentaremos otra pandemia en el futuro, está garantizado. Eventualmente experimentaremos un virus que es mucho peor que cualquier cosa que hayamos visto. Ha sucedido antes y volverá a suceder.

Colapso de la economía estadounidense

Pistolas, Pistolas, Pistolas

Hablar de armas puede ser un tema muy controvertido. Algunas personas creen en tener armas y otras no. De cualquier manera, es un tema que debe abordarse. Tenemos algunos problemas reales con las armas que necesitan nuestra atención y las armas son importantes para ayudar a proteger a la sociedad y deben ser protegidas.

Cubriremos ambos temas, el control de armas y la protección de la Segunda Enmienda. Con suerte, tendrá sentido por qué necesitamos un mejor control de armas, pero también por qué necesitamos proteger nuestros derechos de armas y la capacidad de poseer un arma.

Debemos tener un medio feliz cuando se trata de estos dos temas. Necesitaremos armas en el futuro y la capacidad de protegernos. Cuando haya terminado de leer este libro, verá muchas razones por las que queremos proteger nuestros derechos.

Cuando discuto temas o miro temas, trato de mantener una mente abierta y mirar todos los puntos de vista. Soy una persona de mente abierta y creo que deberíamos ser capaces de discutir un tema y aún así tener respeto mutuo al tener diferentes opiniones.

Durante este capítulo, espero darles una visión diferente de las armas, por qué necesitamos un poco de control de armas y por qué serán importantes en el futuro para proteger sus derechos y forma de vida.

Permítanme contarles un poco sobre mí antes de entrar en esto. Personalmente soy propietario de un arma. He estado rodeado de armas toda mi vida. Mi cónyuge, mis hijos y todos los demás en nuestra familia han estado alrededor de las armas toda nuestra vida. Somos amantes del aire libre y lo disfrutamos. Somos propietarios responsables de armas como la mayoría de las personas. No soy diferente a ti. Soy un ciudadano estadounidense promedio.

Me enseñaron a respetar a las personas. No me malinterpreten, respeto las armas, pero respeto más la vida de las personas. Creo que toda persona tiene derecho a vivir una buena vida y a que una persona inestable con un arma no se lo quite. Creo que debemos proteger a todos, de que esto suceda. Si usted es propietario de un arma o no.

Esto me lleva al primer tema y es la violencia armada. Antes de continuar con esto, quiero decir que mi corazón está con cualquiera que haya perdido a alguien debido a la violencia armada. Nadie debería tener que pasar por eso, nuestras oraciones y pensamientos están con ustedes.

Nosotros, como nación, tenemos una gran crisis en nuestras manos y esa es la violencia armada, la violencia armada en Estados Unidos debe detenerse. El pueblo de los Estados Unidos y nuestros funcionarios electos deben encontrar una solución y poner fin a estos tiroteos sin sentido.

No hay forma de que una familia que sale de compras tenga que preocuparse por recibir un disparo, porque alguna persona mentalmente inestable se apoderó de un arma. Los niños no deberían tener que ir a la escuela y preocuparse de que alguien entre en su aula y les dispare. Esto no debería suceder en Estados Unidos.

Nadie en Estados Unidos debería tener que

preocuparse por recibir un disparo. Deberíamos poder continuar con nuestras vidas normales y no tener el estrés de preocuparnos por esto. Sin embargo, tenemos algunos individuos y grupos que parecen querer interrumpir nuestras vidas. Ya sea que seas propietario de un arma o no, creo que todos podemos estar de acuerdo en esto.

Como propietario de un arma, creo, tengo el derecho de poseer un arma. También creo que una madre o un niño que fue asesinado a tiros tiene derecho a vivir. No merecían morir a manos de algún lunático que se apoderó de un arma. Tenían derecho a vivir y seguir con sus vidas.

Como puede ver, esta es una pendiente resbaladiza. Por un lado, tenemos que proteger nuestra segunda enmienda y nuestros derechos a la posesión de armas. Por otro lado, debemos tratar de encontrar una manera de proteger a todos de estos tiroteos sin sentido. Lo que sí sé es que si nosotros, como nación, no hacemos algo al respecto, en el futuro va a empeorar mucho.

Más de 40,000 personas murieron a causa de la violencia armada el año pasado en Estados Unidos. Creo que todos estamos de acuerdo en que es necesario el control de armas. Pero tomar armas de buenos ciudadanos no es la respuesta.

Quién tiene la culpa de toda la violencia armada en Estados Unidos? Algunas personas quieren culpar a los propietarios de armas, otros quieren culpar a las armas, otros quieren culpar al gobierno. Veamos todo esto.

Comencemos con los propietarios de armas. La mayoría de los propietarios de armas son ciudadanos respetuosos y respetuosos de la ley. La única razón por la que compraron un arma fue para protegerse a sí mismos y a sus familias. Nunca usan el arma a menos que la necesiten para la autodefensa.

Los cazadores y los hombres al aire libre poseen muchas armas, generalmente se usan para el deporte. Una vez más, la mayoría de estos propietarios de armas son ciudadanos respetuosos de la ley. La conclusión es que la mayoría de los propietarios de armas no son responsables de la violencia armada.

Qué pasa con el arma, es demasiado culpa? En mis 50 años de estar cerca de las armas, nunca he visto o presenciado esto. Nunca he visto una pistola desbloquear el gabinete de armas. Sal del armario de armas. Agarra algunas balas y carga. Luego camina por la calle y dispara a alguien.

Si llega el día en que sea testigo de esto, caeré directamente de rodillas y comenzaré a orar. Porque Jesucristo ha regresado, o yo he sido poseído. Espero que sea Jesús, creo en él. Mi punto es que el arma no es capaz de cargarse a sí misma ni disparar a nadie. Has escuchado el dicho, no dispares al mensajero porque no es su culpa? Lo mismo ocurre con un arma, no puede hacerlo físicamente, por lo que no se le puede culpar.

Y culpar al Gobierno? Como dije, soy una persona de mente abierta y trato de ver las cosas desde todos los puntos de vista diferentes. No puedo culpar directamente al gobierno por estos tiroteos, no compraron el arma, se la entregaron a alguien y le dijeron que dispararan a alguien. Por lo tanto, no podemos culparlos directamente, pero indirectamente pueden tener una agenda diferente.

El verdadero problema que tenemos con la violencia

armada es que tenemos algunas personas en nuestra sociedad que son inestables, enfermos mentales, que no deberían poseer un arma. Sin mencionar que tenemos pandillas y criminales que portan armas y amenazan a la gente buena todos los días. Entonces, por qué no se está tratando el tema? Por qué las personas que tienen el control de este país no están lidiando con sacar las armas de las manos de estos individuos y grupos inestables?

Tienen los medios y el poder para crear un grupo de trabajo para eliminar a estas pandillas o crear leyes muy estrictas con mejores verificaciones de antecedentes, para mantener las armas fuera de las manos de estos individuos inestables y criminales. Sin embargo, no se ha hecho.

Si se da cuenta, la mayoría de estos tiroteos masivos son realizados por personas inestables o delincuentes con antecedentes penales. Sin embargo, todavía se las arreglan para conseguir un arma de alguna manera. No tiene mucho sentido por qué nuestras leyes no son lo suficientemente estrictas como para evitar que esto suceda.

Creo que la mayoría de los propietarios de armas responsables no tendrían ningún problema con leyes más estrictas. Todavía podremos pasar una verificación de antecedentes. Entonces, estaremos bien.

Cada vez que tenemos un tiroteo masivo, las primeras palabras que escuchas son: necesitamos quitar las armas, necesitamos prohibir las armas, necesitamos confiscar las armas. No se oye que necesitamos abordar esto y encontrar una manera de cambiar las leyes y hacer imposible que estas pocas personas obtengan armas. No, la primera respuesta es dejar indefensos a los propietarios responsables de armas. Esto podría ser parte de su agenda personal.

Dejar a la sociedad y a los propietarios de armas responsables indefensos no es un buen plan y ni siquiera debe considerarse. Primero, te deja vulnerable a los ataques de todos los criminales. Le quita sus medios para proteger su casa, su familia o negocio. Si alguna vez has reflexionado sobre la idea de que la sociedad estaría mejor sin armas, es posible que desees repensarlo.

Quitarle las armas al buen pueblo estadounidense trabajador y honesto, resuelve el problema de la violencia armada? La respuesta es no. Matones, ladrones, criminales, traficantes de drogas y pandilleros seguirán teniendo armas.

Si dudas de este hecho, te lo aclararé. Las drogas son ilegales, sin embargo, han estado llegando a nuestro país durante años. Si los traficantes de drogas pueden ingresar drogas al país, los cárteles traerán armas. Los criminales encontrarán una manera de obtener un arma.

Lo que esto significa para ti es que, dado que aceptaste la idea de que la sociedad estaría mejor sin armas, ahora estás indefenso contra matones, ladrones, criminales, traficantes de drogas y pandilleros. Ya no podrá protegerse a sí mismo y a su familia de la violencia. No es una situación ganadora.

En este momento, tenemos un problema en los Estados Unidos. El problema es que los delincuentes no están detenidos por cargos de armas, solo están siendo liberados de nuevo en las calles. Acabo de ver un informe donde un miembro de una pandilla fue arrestado por 5ª vez por portar un arma ilegal. Fue puesto en libertad sin derecho a fianza. Esto no es bueno para la sociedad, pone a todos en riesgo.

Sin mencionar que las personas que se amotinan en las calles también son liberadas sin ningún cargo. Me pregunto en qué momento en nuestro país esto llegó a ser aceptable. Tenemos individuos y organizaciones que luchan para que la gente salga de la cárcel, para cumplir con su propia agenda personal. Es hora de que el resto de Estados Unidos exprese nuestra opinión y ponga fin a esto.

Qué tal atrapar y liberar, buen plan? Atrapa a los criminales, establece una fecha de corte para ellos y déjalos ir. Este acto pone en riesgo a toda nuestra sociedad. Solo quiero saber cuándo los criminales terminaron con más derechos que los buenos ciudadanos respetuosos de la ley. Puedo ir a la cárcel por andar sin rumbo, pero un criminal puede asesinar a alguien y ser liberado.

Sabías que las armas de fuego se usan en defensa propia para proteger un hogar, familia o negocio, de dos a tres millones de veces al año? Sabías que en los últimos dos años las mujeres han comprado más armas que nadie?

La razón por la que mencioné eso es porque muestra que las personas quieren una forma de protegerse a sí mismas y a sus familias de la violencia. La única manera de hacerlo es ponerse de pie y proteger la 2ª enmienda.

La única manera de detener la violencia armada es perseguir a los malos y sacarlos de la ecuación. Quitar la buena forma de protegerse a los ciudadanos no resuelve el problema. La única forma en que podemos garantizar que tenemos este derecho es proteger la 2ª enmienda.

Consideremos un último hecho. Lo único que impide

que otro país o nuestro país se haga cargo, es una milicia bien armada, esa eres tú Saben que si pisan nuestro suelo, tendrán a todas las personas armadas con las que lidiar. Por lo tanto, todos los que poseen un arma ayudan a mantener a nuestro país a salvo de entidades nacionales y extranjeras.

Ahora puedes reírte de esto, pero al final de este libro, verás quién vendrá detrás de nosotros y quién será el dueño de este país y gobernará sobre ti. Es solo cuestión de tiempo, pero va a suceder.

Hay muchas organizaciones y personas por ahí que quieren tomar sus armas. Es por eso que necesitamos defender nuestros derechos, proteger la 2ª Enmienda.

Si no encontramos una manera de ayudar a poner fin a la violencia armada que estamos viendo. Lo van a usar para tomar sus armas. Hay personas y organizaciones que ya han puesto en marcha este plan. Ya están trabajando en ello.

Ahora podrías preguntarte por qué quieren tomar tus armas. La respuesta es simple. Ya sea que te des cuenta de que no, tienen un plan para apoderarse de la vida de todos y hacer que hagas lo que digan y lo que quieran.

Si has escuchado las palabras socialismo o comunismo, es su plan. Quieren controlar todos los aspectos de tu vida, esto incluye financieramente, lo quieren todo.

La única forma en que pueden hacer esto es dejándote indefenso. Una vez que desmantelen la constitución y te quiten las armas, no podrás resistir el resto de sus acciones, porque te quedas indefenso.

Saben que para impulsar su agenda completa de controlar cada aspecto de tu vida, necesitan desarmarte. Por lo tanto, no tienes forma de defender tus derechos o detener su agenda.

Una vez que te desarman. Podrán hacerse cargo de todos los aspectos de tu vida con facilidad porque no puedes defenderte por ti mismo. Como dije, ya están trabajando en esto.

Tenemos 380 millones de personas en los Estados Unidos, es un pequeño porcentaje de personas que están involucradas en la violencia armada. Notó que cada vez que ocurre un incidente de violencia armada, un motín o una protesta, es noticia de primera plana durante semanas?

La razón de esto es para que puedan tratar de persuadir a más personas para que piensen que tenemos un problema mucho más grande, de lo que realmente es. Cuantas más personas puedan persuadir, más fácil será quitarles las armas.

Entonces, cómo evitamos que tomen armas? Necesitamos expresar nuestras opiniones y hacerles saber, no estamos de acuerdo con su agenda personal de apoderarse del país. Necesitamos proteger la constitución y la 2ª enmienda y defender la posesión de armas.

Una última cosa antes de pasar al siguiente capítulo. Mientras lees este libro, querrás tener en mente tu derecho a tener y portar armas. El futuro de Estados Unidos no se ve bien. Ahora no soy un tipo fatal y sombrío, pero la escritura está en la pared, y estamos en un camino para pasar por algunos tiempos difíciles en Estados Unidos. Querrás un arma en el futuro.

Colapso de la economía estadounidense

Disturbios raciales, guerras entre nosotros

En este momento, en los Estados Unidos ya tenemos un problema con la tensión racial. Ha empeorado en los últimos años. La división en nuestro país ha crecido. No debido al buen pueblo estadounidense, tenemos otras fuerzas incitándolo.

Nunca lo entendí yo mismo. No me despierto por la mañana con odio hacia otra persona. No culpo a otras personas por mis problemas. Simplemente sigo mi vida como de costumbre y es lo último que se me pasa por la cabeza.

Creo que la mayoría de los estadounidenses son iguales. La mayoría de los estadounidenses no son racistas. La mayoría de los estadounidenses son muy generosos y te darán la camisa de su espalda. Los estadounidenses son uno de los grupos más grandes de personas que donan a casi todas las causas. No solo en Estados Unidos, sino a nivel mundial.

Cuando hay una crisis en los Estados Unidos, la mayoría de los estadounidenses se ponen de pie y ayudan. Ayudan de múltiples maneras, monetariamente y muchos se presentan en persona. Estados Unidos tiene el mayor número de personas dispuestas a ser voluntarias.

Cada vez que hay una crisis en Estados Unidos, la gente aparece en número para ayudar. Ya sea que estén limpiando, reconstruyendo, suministrando alimentos o agua. Dan su sangre, sudor y lágrimas para ayudar. No importa de qué color, raza o religión sea la persona a la que está ayudando, aparece. Esta acción demuestra que la mayoría de los estadounidenses no son racistas y ayudarán a cualquiera que lo necesite.

El problema que tenemos en Estados Unidos es que hay pequeños grupos de personas y algunas organizaciones que quieren retratar que tenemos un problema mayor con el racismo y no es cierto. Quieren retratar que Estados Unidos mismo es racista y eso está lejos de la verdad. Están tratando de forzarlo a todos los demás para sus propias agendas personales.

Parece que hay ciertos grupos de personas y organizaciones que son propensas a forzar tensiones raciales en el resto de nosotros. Parece que es la única forma en que saben cómo lidiar con los problemas o impulsar sus propias agendas personales.

Hablemos de grupos y organizaciones que impulsan sus propias agendas personales. Cuando George Floyd murió, estoy seguro de que hubo algunas personas que estaban molestas o afectadas por esto. No quiero quitarle nada a eso ni disminuir ese hecho.

Pero hubo grupos y organizaciones que lo utilizaron como una herramienta para aumentar las tensiones raciales en nuestro país y echar leña al fuego para sus propias agendas personales. Teníamos ciertos grupos y organizaciones que invocaban el caos y los disturbios en nuestras calles.

No les importó ni un ápice George Floyd ni lo que le pasó. Esa es la verdad. Solo necesitaban una excusa para impulsar su propia agenda personal y usaron a George Floyd para ello. Solo estaban esperando una excusa y entraron en acción.

El problema es que estos grupos y organizaciones hicieron mucho daño a los buenos vecindarios. Invocando disturbios, luting y quemando muchas cosas buenas y trabajadoras de los estadounidenses. Crearon el caos para todos nosotros. Estas organizaciones y grupos todavía lo están utilizando como su excusa para impulsar sus propias agendas personales.

Antes de seguir adelante. Quiero decir que creo que las vidas negras sí importan, creo que todas las vidas importan. Creo que muchas personas son conscientes de que estos grupos y organizaciones utilizaron a todos los demás para impulsar sus propias agendas personales y eso no es justo para todos los demás. Invocaron el caos y esa no era la agenda de la mayoría de la gente.

También le quitaron su derecho a protestar pacíficamente, expresar sus preocupaciones y ser escuchado, eso no es justo. Creo que la gente tiene derecho a protestar pacíficamente cuando llegan los problemas. Pero, cuando tienes grupos y organizaciones que incitan a disturbios por su propia agenda personal, no ayuda a nadie. Especialmente cuando realmente no les importa cuál es el verdadero problema. Eso no es justo para todos los demás involucrados o a quienes les importó.

Nunca entendí por qué algunas personas quieren culpar a otros por sus problemas. Muchos estadounidenses tienen problemas. Se levantan por la mañana y se miran en el espejo y tratan de encontrar una solución al problema. No corren por ahí culpando a otra persona.

Correr todo el día culpando a otra persona o estar agitado no sirve de nada. Te convierte en una persona miserable. Entonces simplemente comienzas a vivir una vida miserable y haces que todos a tu alrededor sean miserables. No suena muy divertido.

En el momento en que escribo esto tenemos 382 millones de personas en los Estados Unidos. Tenemos unos pocos miles de personas y algunas organizaciones que están causando problemas. Es un porcentaje pequeño en comparación con la población total.

Como puede ver, con una población tan grande, son solo unas pocas personas u organizaciones las que están impulsando su agenda. No tenemos un problema general con el racismo, no como quieren que creamos. La mayoría de los estadounidenses son grandes personas y no les importa la raza en absoluto. No hay un problema con el racismo sistémico como quieren que creas.

Este es el problema que enfrentamos en Estados Unidos. Cuanto más permitamos que estos grupos y organizaciones afecten nuestras opiniones o creencias, más personas comenzarán a creer que es verdad. Cuantas más personas se dejen llevar a creer que es verdad, se crearán más tensiones raciales entre todos.

Cuantas más tensiones raciales se creen, más problemas habrá entre todos nosotros. Lo siguiente que sabes es que tendremos un problema mayor que el que realmente existe. Este no es un buen escenario y no tiene por qué suceder. No será bueno para ninguno de nosotros y conducirá a grandes problemas en el futuro.

Lo que tenemos que hacer es apagar e ignorar toda la energía negativa que nos está siendo alimentada a la fuerza, incluso por nuestro propio gobierno. Su única misión es volvernos a todos unos contra otros, para que puedan decir, vean que tenemos un problema. Luego lo usarán para su propia agenda personal. Debemos encontrar una manera de poner fin a esto.

Es hora de que Estados Unidos se una y detenga a estas personas que están tratando de dividirnos. La división que están creando no es buena para Estados Unidos y solo conducirá a más tensiones raciales. Su plan de separar a todos por sus propias agendas personales, debe detenerse.

Es hora de que nos pongamos de pie y nos detengamos con la basura de las redes sociales. Apaga las fuentes de noticias que retratan a Estados Unidos como un país sistemáticamente racista, porque no es cierto. Es hora de que le digamos a nuestro gobierno que se detenga con su agenda personal de destrozar a Estados Unidos, para que puedan reconstruirlo.

Si no aprendemos a desconectar todas las fuerzas negativas, el futuro de los Estados Unidos no será un lugar genuinamente agradable para vivir. Todos nos enfrentaremos unos contra otros, y tendremos guerras raciales entre nuestro propio pueblo. Creo que la mayoría de nosotros no queremos que eso suceda. Es hora de que comencemos a centrarnos en la energía positiva y nos centremos en hacer de Estados Unidos un gran lugar para vivir, para todos.

Por último, estás siendo utilizado y manipulado para las agendas personales de otros. Estados Unidos no tiene un problema sistémico de racismo. Los estadounidenses son algunas de las personas más grandes de este planeta. Por favor, no se deje engañar por su edad personal

Crimen en Estados Unidos

El movimiento policial ha cambiado a Estados Unidos para siempre cuando se trata de crimen. Permitir que los criminales manejen nuestras calles y liberarlos de la cárcel o no sentenciarlos a la cárcel tendrá efectos nocivos durante mucho tiempo en nuestro país. Las tasas de criminalidad han aumentado a máximos históricos en todo Estados Unidos.

El crimen no solo hace que nuestras calles sean inseguras, sino que también aumenta los costos para todos. Todos nos damos cuenta de que el principal problema de la alta delincuencia es que nuestra sociedad se vuelve insegura para vivir. El efecto de goteo es que le costó a todos más dinero.

Cuando las personas irrumpen en lugares y roban artículos, para que esa empresa recupere sus pérdidas, tienen que aumentar sus precios. Eso significa que todos pagarán más por los productos que compren.

La mayoría de las compañías dependerán de los seguros para recuperar sus pérdidas. El problema es que eventualmente las compañías de seguros tendrán que aumentar sus precios para recuperar sus pérdidas.

Eso significa que todos pagarán más con primas de seguro más altas. El punto aquí es permitir que matones y ladrones corran desenfrenados por todo el país es malo en muchos sentidos. No se puede tener una buena sociedad cuando se permite que los delincuentes la controlen.

Llenar la Corte Suprema

Una de las mejores maneras para que el gobierno destruya la constitución y controle todos los aspectos de su vida es llenar la corte suprema.

El empaquetamiento de la corte se refiere al proceso de que el Congreso agregue más escaños a la Corte Suprema para asegurar una mayoría.

No dedicaré mucho tiempo a esto porque la conclusión es simple. Cuando empacas la corte suprema, la cargas con una parte.

Un ejemplo es que los demócratas quieren llenar la corte suprema a su favor, agregando más escaños.

Lo que esto logra es un fallo unilateral, lo que les facilita aprobar cualquier proyecto de ley que se apruebe.

Cómo te afecta esto? Si quieren aprobar leyes para controlarte o quitarte tus derechos, se vuelve fácil de hacer. Si quieren desmantelar o eliminar la constitución, pueden.

La conclusión es que pueden imponer cualquier ley a la gente como mejor les parezca. Pueden cambiar o eliminar la constitución para satisfacer sus necesidades. Tener el control total para cumplir con sus propias agendas personales.

La Corte Suprema es la última línea de defensa para proteger al pueblo estadounidense. Si les permites empacar a favor de un lado, tu vida, libertad y justicia son arrebatadas. Es así de simple.

Colapso de la economía estadounidense

Caída de América

Como puede ver al leer el libro, tenemos muchos problemas en Estados Unidos. Muchos de estos problemas ayudarán a conducir a la caída de Estados Unidos.

Una de las cosas que causará un colapso en Estados Unidos es nuestra economía. Si no aprendemos a controlar nuestro gasto, seguramente tendremos una crisis económica en nuestras manos. Esto puede parecer solo un problema monetario, pero los estadounidenses están acostumbrados a pensar primero con su bolsillo.

Como dije en capítulos anteriores, cuando nuestros impuestos son tan altos y los estadounidenses tienen menos o ningún dinero o para gastar. Esto afectará la actitud de todos y causará angustia entre muchos estadounidenses. Por no hablar de las cuestiones sociales.

El hecho es que en el futuro nos enfrentamos a un problema de superpoblación en Estados Unidos. Como dije antes, la superpoblación no se debe a que haya demasiada gente. Es cuando no tienes suficiente comida para alimentarlos.

Cuando esto sucede y las personas no tienen suficiente comida para comer, harán todo lo posible para alimentar a su familia. Esto incluye el robo o el robo, y esto seguramente pondrá a muchos estadounidenses unos contra otros. Si no tenemos una idea de cuántas personas están llegando a nuestro país, esto sucederá más temprano que tarde.

La violencia en Estados Unidos está creciendo a un ritmo rápido. Ya sean tensiones raciales o protestas en las calles. Si estos actos continúan, habrá peleas entre todos en algún momento. Si no ponemos fin a esto, se intensificará y se convertirá en un problema mayor.

El futuro de Estados Unidos se verá como algo de las pandillas cinematográficas de Nueva York, donde todos se han vuelto unos contra otros y su caos total. Llegará a todas las comunidades de todo Estados Unidos.

Estados Unidos se está volviendo cada vez más agitado cada día. Las tensiones están aumentando en todo Estados Unidos. Las causas de esto son la incertidumbre de lo que depara el futuro. Nuestra economía se ha vuelto más inestable. Las tensiones raciales están aumentando. Más violencia armada y disturbios en nuestras calles con protestas, saqueos y disturbios.

En este momento, tenemos otros países observando lo que está sucediendo en Estados Unidos y solo están esperando la oportunidad de hacerse cargo. Ya sea monetariamente comprando nuestra deuda o esperando a que nuestro país colapse. Entonces, pueden entrar y hacerse cargo de nuestro gobierno.

Uno de los mayores problemas que tenemos en Estados Unidos es que hay ciertas personas y organizaciones que quieren que nuestro país colapse. Están haciendo todo lo que está a su alcance para volvernos unos contra otros.

Esto no es un asunto de broma; tienen la actitud de que quieren controlar el país. Quieren controlar cómo vives. Te quieren bajo su pulgar, donde controlan todo, tú lo haces.

Hay un par de maneras de lograr esto. Una forma es aumentar la deuda tan alto, para que cuando la economía comience a colapsar, puedan entrar y tomar su cheque de pago y todo lo que posee y lo controla financieramente. Confía en mí, lo quieren todo.

La otra forma es poner a la gente una contra la otra y eventualmente todo colapsará. Cuando lo haga, entrarán y tomarán el control de todos los aspectos de tu vida. Me vienen a la mente las palabras socialismo o comunismo. Tienen una agenda, y harán todo lo posible para cumplirla.

Recuerda, para que esto suceda fácilmente para ellos, necesitan desarmarte. Ese plan está en su lugar, están utilizando la violencia armada y las tensiones raciales como su fuerza impulsora para cumplir con su agenda. Cuantas más personas puedan persuadir, más fácil será para ellos.

Si pensaste en estas últimas afirmaciones, bien por ti. Porque lo están haciendo ahora mismo. El plan ya se ha puesto en marcha y se ha puesto en marcha.

La única forma de salir de esto es que el pueblo estadounidense se una y les haga saber que no lo vamos a tolerar. Que no estamos de acuerdo con su plan para el futuro Estados Unidos. Que queremos decidir cómo será el futuro de Estados Unidos.

Si no lo hacemos, me imagino que el futuro de los Estados Unidos se parece a la película Mad Max. Donde todos luchan por sobrevivir.

Una última cosa, estamos siendo alimentados con un paquete de mentiras. Estamos siendo alimentados con propaganda, para que puedan tomar el control y controlar nuestras vidas. Nos quieren bajo su pulgar, para que puedan controlarnos. Para quitarnos nuestros valores, libertad y forma de vida. Necesitamos dejar de creer en todas las mentiras que nos están alimentando y defender a un gran

Estados Unidos.

Como puedes ver leyendo este libro. Tenemos muchas fuerzas trabajando en nuestra contra que no crearán un buen futuro para Estados Unidos. Nuestra única forma de salir de esto es hacer cambios ahora. Necesitamos trabajar juntos para lograr esto, porque el futuro de los Estados Unidos y la vida tal como la conocemos, están en riesgo.

Las dos cosas más importantes que tenemos que hacer es detener el empaquetamiento de los tribunales y tenemos que proteger la constitución. Si no lo hacemos, ellos controlarán todos los aspectos de nuestras vidas.

Les deseo a todos la mejor de las suertes en el futuro

Información del autor

Gracias por tomarse el tiempo para leer mi libro. Por favor, tómese el tiempo para revisar algunos de mis otros libros.

Libros espirituales y religiosos en billysgrinslott.com o simplemente escribir mi nombre en Amazon, Barns & Noble o Kobo.

Si tienes algún aporte o tema, quieres que lo discuta en mis libros. Puedes contactarme en.

billygrinslott@gmail.com

Por favor, ayude difundiendo la palabra sobre este libro. Se me agradecería mucho.

Si pudieras tomarte el tiempo para darme una buena reseña. Sería muy de agradecer.

Gracias.

Billy Grinslott

Colapso de la economía estadounidense

Colapso de la economía estadounidense